Zu den sozialökonomischen Entwicklungskriterien der materiell-technischen Basis im Sozialismus

Forschungsberichte

herausgegeben vom Zentralinstitut
für Wirtschaftswissenschaften
der Akademie der Wissenschaften der DDR
Direktor Prof. Dr. habil. Wolfgang Heinrichs

Nr. 29

GERD KNOBLOCH
HANS ROOS

Zu den sozialökonomischen Entwicklungskriterien der materiell-technischen Basis im Sozialismus

AKADEMIE-VERLAG · BERLIN 1978

Wissenschaftlicher Redakteur:
Dr. Walburga Wicke

Erschienen im Akademie-Verlag, 108 Berlin, Leipziger Str. 3—4

Lizenznummer: 202 · 100/36/78
Gesamtherstellung: VEB Druckerei „Thomas Müntzer",
582 Bad Langensalza
Bestellnummer: 753 617 9 (2163/29) · LSV 0325
Printed in GDR
DDR 10,— M

Inhaltsverzeichnis

Vorwort

Zu den Grundfragen des Aufbaus der entwickelten sozialistischen Gesellschaft gehört die weitere Gestaltung der materiell-technischen Basis. Deshalb wurden gerade in jüngster Zeit in den sozialistischen Ländern verstärkte Anstrengungen unternommen, die damit verbundenen theoretischen und praktischen Probleme zu klären. Es versteht sich von selbst, daß dabei die politökonomischen Zusammenhänge eine wichtige Rolle spielen.

Das war der Anlaß, sich auch im Zentralinstitut für Wirtschaftswissenschaften der AdW der DDR diesen Fragen zuzuwenden. Die vorliegende Arbeit ist das erste Ergebnis der Untersuchungen auf diesem Gebiet. Obwohl sie noch stark konzeptionelle Züge trägt, haben wir uns entschlossen, sie als Forschungsbericht zu publizieren, um zum wissenschaftlichen Klärungsprozeß dieser komplizierten Problematik beizutragen. Es liegt in der Natur der Sache, daß beim gegenwärtigen Erkenntnisstand eine solche komplexe Kategorie, wie sie die materiell-technische Basis darstellt, nicht in all ihren Aspekten gleichermaßen zufriedenstellend untersucht werden kann.

Der Forschungsbericht baut auf Forschungsergebnissen des Zentralinstituts für Wirtschaftswissenschaften auf. Hierbei handelt es sich besonders um Arbeiten von Erhard Gans, Siegfried Liebe und Rita Schöneck. Die Analysen der volkswirtschaftlichen Verflechtungsbilanz nach Bedürfniskomplexen wurden von Johannes Behr, Walter Gellrich und Hans Mai erarbeitet.

1. Gestaltung der materiell-technischen Basis als grundlegende Aufgabe beim Übergang vom Kapitalismus zum Kommunismus

Eines der Grundprobleme, das die sozialistische Gesellschaft bei der revolutionären Umgestaltung der kapitalistischen Ordnung zu lösen hat, besteht darin, die in Gemeineigentum übergeführten Produktionsmittel und Ressourcen zu nutzen, um die materiell-technische Basis des Kommunismus zu schaffen. Das geschieht in einem langen historischen Prozeß, der sich auf die gesamte Übergangsperiode vom Kapitalismus zur höheren Phase des Kommunismus erstreckt. Er wird im Grundsatz schon von Anfang an durch die Zielsetzung der kommunistischen Gesellschaft geprägt, auch wenn es zunächst um die sozialistische Umgestaltung der Gesellschaft geht. "Andererseits müssen wir", betonte Lenin auf dem VII. Parteitag der KPR (B), "indem wir mit den sozialistischen Umgestaltungen beginnen, uns ein klares Ziel stellen, auf das diese Umgestaltungen zu guter Letzt gerichtet sind, nämlich die Errichtung der kommunistischen Gesellschaft."[1]

Diese historische Orientierung schließt die objektive Notwendigkeit ein, daß sich die materiell-technische Basis des Kommunismus nur über eine Folge gesellschaftlicher Entwicklungsstufen herausbildet, die mit der Machtergreifung der Arbeiterklasse eingeleitet wird. Sie reicht von der Übergangsperiode, in der die Grundlagen für den Aufbau des Sozialismus gelegt werden, über die Entwicklungsetappen des Sozialismus selbst, in denen sich die sozialistischen Produktionsverhältnisse immer stärker ausprägen, bis zur entwickelten sozialistischen Gesellschaft, in der allmählich alle wesentlichen Voraussetzungen, darunter auch die materiell-technischen, für den Übergang zur höheren Phase des Kommunismus entstehen.

Ausgehend von der strategischen Orientierung, kann sich die materiell-technische Basis nur im Einklang mit den jeweiligen Etappenzielen beim

Übergang vom Kapitalismus zum Kommunismus herausbilden. Jede Stufe in diesem Prozeß besitzt eine für den Ausbau der materiellen Technik besondere Aufgabenstellung. Insofern wird die Entwicklung der materiell-technischen Basis von der Phasen-Dialektik der Umwandlung der kapitalistischen in die kommunistische Produktionsweise bestimmt, und in diesem Zusammenhang ist es auch berechtigt, von der materiell-technischen Basis des Sozialismus zu sprechen.

1.1. Revolutionäre Hauptaufgaben und materiell-technische Basis

Obgleich die Umstände, unter denen sich die einzelnen sozialistischen Länder historisch entwickelt und aus dem kapitalistischen System befreit haben, verschieden sind, gibt es im Hinblick auf die notwendigerweise zu durchlaufenden Etappen und die dabei zu lösenden Aufgaben einige für alle Länder gleichermaßen zutreffende Gemeinsamkeiten.

Die spezifische wechselseitige Abhängigkeit von Produktionsverhältnissen und materiell-technischer Basis war in allen Etappen der sozialistischen Revolution mit der jeweiligen Hauptaufgabe bzw. Hauptstoßrichtung des revolutionären Prozesses verbunden. Beim Übergang vom Kapitalismus zum Sozialismus, der mit der Oktoberrevolution und der Errichtung der Diktatur des Proletariats durch die Sowjetmacht eingeleitet wurde, war anfangs vor allem die Zielstellung notwendig, der neuen Macht der Arbeiterklasse ihre feste materiell-technische Basis zu geben, um damit die Entwicklung der sozialistischen Produktionsverhältnisse zu gewährleisten. Die sozialistische Industrialisierung wurde in Angriff genommen, bei der die Schwerindustrie eine ausschlaggebende Rolle spielte.

Auf diese Weise konnten die Produktionsbasis der machtausübenden Arbeiterklasse, die in der Industrie und insbesondere in der Schwerindustrie lag, erweitert, das Klassenbündnis zwischen den Arbeitern und der armen Bauernschaft materiell-technisch untermauert und dadurch auch die sozialistische Umgestaltung der Landwirtschaft ermöglicht werden. Die Beschlüsse des im April 1923 - also noch zu Lebzeiten Lenins - abgehaltenen XII. Parteitages der KPR (B) enthalten einen Abschnitt, der deutlich macht, in welch hohem Maße von der Entwicklung der Industrie und vor allem der Schwerindustrie das Schicksal der Revolution abhing: "Nur die Entwicklung der Industrie schafft die unerschütterliche Grundlage der proletarischen Diktatur. Nur in dem Maße, wie die Fabrikindustrie wirkliche Forschritte macht und die Schwerindustrie - diese einzige dauerhafte Basis der Diktatur des Proletariats - wiederhergestellt wird, wie die Arbeiten zur Elektrifizierung ihrer Vollendung entgegengehen, wird es möglich und unausweichlich, das Gewicht der Landwirtschaft in der Gesamtwirtschaft des Landes zu verschieben und den Schwerpunkt von der bäuerlichen Wirtschaft zur Industrie zu verlagern."[2]

Eine historische Besonderheit der materiell-technischen Basis bestand in den Anfangsetappen des sozialistischen Aufbaus darin, mit ihr die stabilen Bedingungen zu schaffen, damit sich der Sozialismus als neues Gesellschaftssystem gegenüber seiner zunächst mächtigeren kapitalistischen Umwelt behaupten, verteidigen und festigen konnte. Da das kapitalistische Weltsystem bei den schwächsten Kettengliedern durchbrochen wurde und die sozialistische Revolution zuerst vorwiegend in Ländern siegte, deren gesellschaftliche Produktivkräfte noch relativ gering entwickelt waren, mußte gleichzeitig mit der Formierung der sozialistischen Volkswirtschaft die historisch bedingte Rückständigkeit überwunden und die Disproportionen beseitigt werden, die der ungleichmäßigen Entwicklung des Kapitalismus geschuldet waren.

Die ökonomische Selbständigkeit, Unabhängigkeit und militärische Verteidigungsfähigkeit des Sozialismus gegenüber dem Kapitalismus mußte zuerst, wie in der Sowjetunion nach der Oktoberrevolution, allein aus eigener Kraft errungen, konnte später aber schon, gestützt auf das im Entstehen begriffene sozialistische Weltsystem, verwirklicht werden, wie es für die DDR bereits zutraf. Der heute trotz der schweren Verluste durch die faschistische Aggression erreichte hohe Entwicklungsstand der gesellschaftlichen Produktion in der Sowjetunion und den anderen sozialistischen Bruderländern ist eine Bestätigung für die erfolgreiche Lösung der großen grundlegenden Entwicklungsprobleme der materiell-technischen Basis im Sozialismus. Damit konnte das Lebensniveau der Bevölkerung wesentlich erhöht werden, was maßgeblich dazu beigetragen hat, daß jetzt der Sozialismus einen immer entscheidenderen Einfluß auf die weltweite Entwicklung ausübt. [3]

Obwohl bereits zu Beginn der sozialistischen Revolution entscheidende Produktionsmittel in gesellschaftliches Eigentum übergeführt wurden, haben sich die sozialistischen Produktionsverhältnisse erst allmählich im Verlauf dieses historischen Entwicklungsprozesses umfassend herausgebildet, und zwar in dem Maße, wie mit der Gestaltung der materiell-technischen Basis dafür die realen Produktionsbedingungen geschaffen wurden. Dazu war die junge sozialistische Gesellschaft zwangsläufig darauf angewiesen, die Technik zu nutzen, die sie vom Kapitalismus übernommen hatte. Das betrifft nicht nur die Produktionsmittel, sondern auch die technische Kooperation, Spezialisierung und Konzentration der Produktion sowie die technischen Eigenarten der Erzeugnisse u.a.m. Selbst in der entwickelten sozialistischen Gesellschaft gibt es im Hinblick auf die modernen wissenschaftlich-technischen Errungenschaften (elektronisch gesteuerte, automatische oder komplex mechanisierte Produktionssysteme, Chemisierung der Produktion, neue Wirkprinzipien in der Energie- und Stoffumwandlung u.a.) keine Unterschiede zum Kapitalismus. Es wäre jedoch falsch, daraus zu schließen, daß der Sozialismus auch im Hinblick auf die materiell-technische Basis in der ersten Phase des Kommunismus noch keine wesentlichen Unterschiede zum Kapitalismus aufwiese bzw. sogar mit ihr identisch sei.

Man darf die materiell-technische Basis begrifflich nicht mit der Technik gleichsetzen. Beide Begriffe unterscheiden sich prinzipiell dadurch, daß man bei der materiell-technischen Basis die Technik nach denjenigen Kriterien erfaßt und bewertet, mit welchen Zielsetzungen, unter welchen Bedingungen und Verhältnissen sie gesellschaftlich genutzt wird. Bei der Herausbildung der materiell-technischen Basis des Kommunismus besteht das Kernproblem gerade darin, neue gesellschaftliche Anwendungsformen der Technik zu entwickeln. Das läuft im Grunde darauf hinaus, die Errungenschaften der wissenschaftlich-technischen Revolution mit den Vorzügen der kommunistischen Gesellschaftsordnung zu verbinden. Eine wichtige Rolle spielt dabei die Überwindung der anarchischen und parasitären Muttermale des Kapitalismus. Die materiell-technische Basis des Sozialismus kann nicht allein nach dem höheren oder niedrigeren Entwicklungsstand der Technik gegenüber bestimmten kapitalistischen Ländern beurteilt werden. Es geht vielmehr darum, "ob es die bestehenden materiell-technischen Voraussetzungen ermöglichen, die sozialökonomischen Aufgaben des Sozialismus zu lösen, seine Ideale zu verwirklichen, die gesellschaftliche Entwicklung den Interessen der Werktätigen unterzuordnen und den arbeitenden Menschen in den Mittelpunkt des gesellschaftlichen Fortschritts zu stellen"[4].

Trotz der gewaltigen wissenschaftlich-technischen Fortschritte ist die kapitalistische Gesellschaft als Ganzes nicht in der Lage, die brennenden Probleme der Menschheitsentwicklung zu lösen. Sie vertiefte sie noch, rief neue hervor, und zwar in einem für die kapitalistische Welt globalen Ausmaß. Wie viele andere Autoren hat Anikin darauf hingewiesen, daß Elend und Hungertod zu allen Zeiten das Los von Millionen Menschen waren, heute aber die Menschheit die prinzipielle Möglichkeit besitzt, durch die Anwendung der Erkenntnisse von Wissenschaft und Technik in der Landwirtschaft und durch andere Maßnahmen den Hunger und die chronische Unterernährung durchaus zu beseitigen. Wenn bisher trotzdem keine wesentlichen Erfolge bei der Lösung des Hungerproblems zu verzeichnen sind, dann liegt das allein am kapitalistischen Gesellschaftssystem.[5] Die aus der Massenarbeitslosigkeit, der Slumbildung, dem Verkehrschaos, der Umweltverschmutzung, dem Drogenmißbrauch u. a. erwachsenden Widersprüche verschärfen sich weiter, obwohl vom materiell-technischen Standpunkt schon längst die Möglichkeiten gegeben sind, sie zu bewältigen.

Am verhängnisvollsten wirken sich das weitere Anwachsen des Militarismus und der Mißbrauch der wissenschaftlichen und technischen Errungenschaften durch den Militär-Industrie-Komplex der imperialistischen Staaten aus. Das betrifft in erster Linie die Existenz von Massenvernichtungsmitteln, die die größten Gefahren für die Menschheitsentwicklung heraufbeschwört. Zugleich blockieren die riesigen, immer noch wachsenden Rüstungsaufwendungen die Lösung aller anderen brennenden Probleme der Gegenwart.

Trotz der kurzen Zeitspanne, die die sozialistischen Länder für die Gestaltung ihrer materiell-technischen Basis zur Verfügung hatten, konnte durch die Praxis bewiesen werden, daß der Sozialismus reale Bedingungen für die Anwendung der Technik im Interesse der Menschen schafft und dadurch schon viele der Muttermale des Kapitalismus überwunden wurden.

1.2. Die weitere Gestaltung der materiell-technischen Basis in der entwickelten sozialistischen Gesellschaft

Mit dem IX. Parteitag der Sozialistischen Einheitspartei Deutschlands tat die DDR im großen historischen Umwandlungsprozeß der materiell-technischen Basis des Kapitalismus in die materiell-technische Basis des Kommunismus einen entscheidenden Schritt. Das ergibt sich daraus, daß im neuen Parteiprogramm die strategische Aufgabe gestellt wird, "in der Deutschen Demokratischen Republik weiterhin die entwickelte sozialistische Gesellschaft zu gestalten und so grundlegende Voraussetzungen für den allmählichen Übergang zum Kommunismus zu schaffen".[6] Deshalb wird auf "eine tiefgreifende Umgestaltung der technischen Basis der industriellen und landwirtschaftlichen Produktion"[7] orientiert. Die weitere Vervollkommnung der materiell-technischen Basis ist, wie Honecker auf dem IX. Parteitag bemerkte, "ein entscheidender Bestandteil der auf das Wohl des Volkes gerichteten Gesellschaftspolitik der Sozialistischen Einheitspartei Deutschlands".[8] Auf die neuen Entwicklungsbedingungen für die Produktionsverhältnisse, die diese Gesellschaftspolitik charakterisieren und die Gestaltung der materiell-technischen Basis in der entwickelten sozialistischen Gesellschaft heute bestimmen, wird in den Abschnitten des Parteiprogramms über die ökonomische Politik hingewiesen:[9]

- Der Ausbau der materiell-technischen Basis ist dem Grundprinzip unterzuordnen, Wirtschafts- und Sozialpolitik in untrennbarer Einheit durchzuführen. Die Fortschritte in der Produktion sowie die technisch-wissenschaftlichen Errungenschaften müssen der Arbeiterklasse und allen anderen

Werktätigen zugute kommen und das materielle und kulturelle Lebensniveau des Volkes ständig weiter erhöhen.

- Damit bildet die materiell-technische Basis die fundamentale Voraussetzung zur weiteren Annäherung der Klassen und Schichten, zur Verringerung der wesentlichen Unterschiede zwischen körperlicher und geistiger Arbeit und zur Annäherung der Lebensbedingungen zwischen Stadt und Land.

Die sich aus diesen Faktoren ergebende Richtung des weiteren Ausbaus der materiell-technischen Basis wird auch durch die neuen Anforderungen der Arbeits- und Lebensbedingungen in der entwickelten sozialistischen Gesellschaft geprägt. Ein Schwerpunkt ist dabei das Wohnungsbauprogramm als Kernstück der Sozialpolitik.

Indem die sozialistischen Produktionsverhältnisse zur vollen Reife gebracht werden, entstehen immer bessere Möglichkeiten, die materiell-technische Basis auf einen Stand zu bringen, der zu den Produktionsverhältnissen der höheren Phase des Kommunismus führt.

Mit dem Eintritt in die Etappe der entwickelten sozialistischen Gesellschaft verändern sich nicht nur die sozialökonomischen Ziele, sondern auch die Mittel, d. h. die Wege, Formen und Methoden der Gestaltung der materiell-technischen Basis.

Erstens muß hier die Beschleunigung des wissenschaftlich-technischen Fortschritts genannt werden, mit dem vor allem die Arbeitsproduktivität und die Effektivität der gesellschaftlichen Gesamtarbeit weiter zu steigern sind. Das hatte bereits weitreichende Folgen für die wirtschaftliche Entwicklung der DDR. Es sei hier nur auf die großen Veränderungen in der Produktionsstruktur der Industrie hingewiesen. Während in den Anfangsetappen des sozialistischen Aufbaus die Nutzung der herkömmlichen Technik mit den für sie typischen Produktionszweigen im Vordergrund stand, dominieren jetzt die für die wissenschaftlich-technische Revolution charakteristischen Techniken und Produktionszweige (Elektronik, BMSR-Technik, Plasteerzeugung und -verarbeitung, effektivere Formen der Energieumwandlung, Anwendung der Kernenergie usw.). Besondere Bedeutung gewinnen in diesem Zusammenhang der weitere Ausbau der Energie- und Rohstoffbasis sowie die Entwicklung moderner Transport- und Kommunikationssysteme sowie Bautechniken.

Zweitens bildet die Intensivierung des volkswirtschaftlichen Reproduktionsprozesses jetzt den Hauptweg der wirtschaftlichen Entwicklung, während in früheren Etappen die extensiv erweiterte Reproduktion überwog.

Drittens führte die zunehmende technologische Verflechtung zu neuen Produktionskomplexen, die höhere Vergesellschaftungsstufen darstellen. Als eine der wichtigsten neuen Vergesellschaftungsformen bildet sich heute in Verbindung mit der zunehmenden Industrialisierung der landwirtschaftlichen Produktion der Agrar-Industrie-Komplex heraus, während bisher die relativ niedrigere Konzentration, insbesondere der Pflanzenproduktion, eine organisatorische Vereinigung der Landwirtschaft mit ihren Vor- und Folgestufen weder notwendig noch möglich gemacht hat.

Im internationalen Maßstab setzt sich unter den Bedingungen der entwickelten sozialistischen Gesellschaft immer mehr die sozialistische Wirtschaftsintegration durch, während sich früher die internationale wissenschaftlich-technische Zusammenarbeit und Produktionsspezialisierung der sozialistischen Länder hauptsächlich über den Außenhandel vollzog.

Viertens muß schließlich die zunehmende Rolle der Wissenschaft als Produktivkraft und die immer engere Verbindung der Wissenschaft mit der Produktion hervorgehoben werden, die heute zu den folgenreichsten Prozessen gehört, die auf die Wege, Formen und Methoden der Gestaltung der materiell-technischen Basis einwirken. Die wachsende produktive Funktion der Wissenschaft zeigt sich in allen Gliedern der gesellschaftlichen Arbeitsteilung sowie in allen Phasen des gesellschaftlichen Reproduktionsprozesses. Als ein entscheidender Faktor für die Beschleunigung des wissenschaftlich-technischen Fortschritts und für die organische Verbindung der Errungenschaften der wissenschaftlich-technischen Revolution mit den Vorzügen der kommunistischen Gesellschaftsordnung ist die wissenschaftliche Durchdringung der Produktion ein Wesenszug der materiell-technischen Basis des Kommunismus.

Dabei werden nicht nur in der gesellschaftlichen Anwendung der wissenschaftlich-technischen Errungenschaften, sondern auch in der Entwicklung der Wissenschaft und Technik selbst deutlichere Alternativen gegenüber den kapitalistischen Ländern erforderlich und realisierbar. Gvišiani legt dar, daß heute durch die wissenschaftlich-technische Revolution die Möglichkeit und Notwendigkeit für solche Alternativen größer geworden sind. Die technische und personelle Ausstattung, die Planmäßigkeit und einheitliche Ausrichtung der wissenschaftlichen Arbeiten auf volkswirtschaftliche Bedürfnisse sowie die internationale sozialistische Wissenschaftsintegration gestatten es heute, "gleichzeitig alternative wissenschaftlich-technische Paradigmen auszuarbeiten, verschiedene Arten des wissenschaftlichen Vorgehens zu realisieren, deren unterschiedliche soziale Folgen zu prüfen und sich schließlich für jenen Weg zu entscheiden, der den humanistischen Werten unserer Zeit am nächsten kommt".[10]

Ein solches Vorgehen wird auch notwendig, um die mit der Steigerung der Produktivkraft und dem Produktionswachstum unvermeidlich auftretenden neuen Widersprüche, wie denen zwischen Technologie und Ökologie, zwischen Rohstoff- und Energiebedarf und verfügbaren Ressourcen, lösen zu können. Die Anwendung von Wissenschaft und Technik, die in den sozialistischen Ländern immer mehr von eng und einseitig aufgefaßten Rationalitätskriterien befreit und von den unmittelbaren Interessen des Menschen geleitet wird, erweitert das Feld für alternative wissenschaftlich-technische Richtungen.

Mit jeder Entwicklungsstufe der materiell-technischen Basis muß ein höheres Produktivitäts- und Effektivitätsniveau der gesellschaftlichen Arbeit erreicht werden. Die Steigerung der Produktivität der gesellschaftlichen Arbeit gehört zu den Grundaufgaben der sozialistischen Revolution, von deren Lösung die Entwicklung der sozialistischen Produktionsverhältnisse und ihre allmähliche Umwandlung in die Produktionsverhältnisse der höheren Phase des Kommunismus in entscheidendem Maße abhängen.

Lenin verband bekanntlich die höhere Gesellschaftsform unmittelbar mit der höheren Arbeitsproduktivität und der dementsprechend höheren Organisation der Arbeit: "In jeder sozialistischen Revolution, nachdem die Aufgabe der Eroberung der Macht durch das Proletariat gelöst ist und in dem Maße, wie die Aufgabe, die Expropriateure zu expropriieren und ihren Widerstand zu brechen, in der Hauptsache und im wesentlichen gelöst wird, tritt notwendigerweise in den Vordergrund die Grundaufgabe, eine Gesellschaftsform zu schaffen, die höher ist als der Kapitalismus, nämlich: die Steigerung der Arbeitsproduktivität und im Zusammenhang damit (und zu diesem Zweck) die höhere Organisation der Arbeit."[11]

Der Haupteinfluß der materiell-technischen Basis auf die Produktivität und Effektivität der gesellschaftlichen Arbeit besteht darin, daß sie eine höhere Form der Verbindung der subjektiven und objektiven Faktoren der Produktion schafft, wobei die Verwandlung der Wissenschaft in eine unmittelbare Produktivkraft und damit im Zusammenhang die Übertragung weiterer Funktionen des Menschen auf Maschinen und Mechanismen im Vordergrund steht. Wichtig ist auch die Einwirkung, die die immer weiter vervollkommnete materiell-technische Basis auf die effektive Nutzung der Rohstoff- und Energieressourcen sowie der Produktions- und Infrastruktur ausübt. Insgesamt muß die höhere Produktivitäts- und Effektivitätssteigerung vor allem die Akkumulationskraft der Volkswirtschaft als eine maßgebende Voraussetzung des weiteren Ausbaus der materiell-technischen Basis kontinuierlich erhöhen.

1.3. Zur gegenwärtigen Diskussion über die materiell-technische Basis

Den vorangegangenen Ausführungen zufolge ist es kein Zufall, wenn gerade jetzt in der DDR wie auch in anderen sozialistischen Ländern die Probleme der materiell-technischen Basis und ihrer weiteren Gestaltung zu einem der wichtigsten Themenkreise für die wirtschaftswissenschaftliche Forschung werden. Daher ist auch die Diskussion dazu bereits in vollem Gange. Sie wird allerdings vorerst hauptsächlich in der Sowjetunion geführt. Im Mittelpunkt stehen dabei in erster Linie die Fragen, nach welchen entscheidenden Kriterien die materiell-technische Basis des Kommunismus zu gestalten ist, worin sich die materiell-technischen Bedingungen in den beiden Phasen des Kommunismus unterscheiden und welche Probleme in diesem

Zusammenhang in der entwickelten sozialistischen Gesellschaft zu lösen sind.

Sichtet man die mittlerweile schon sehr umfangreich gewordene Literatur zu dieser Problematik, ist festzustellen, daß zur Zeit noch der wissenschaftliche Meinungsstreit überwiegt und daß es bisher weder zum Inhalt und Umfang des Begriffs der materiell-technischen Basis noch zu den Kriterien und Faktoren ihrer weiteren Gestaltung allgemein anerkannte, unanfechtbare und überzeugend begründete Standpunkte gibt. Von vielen Autoren wird das auch ausdrücklich betont.

Die Auffassungen zum Begriffsumfang reichen von einer Beschränkung der materiell-technischen Basis auf Arbeits- oder Produktionsmittel bis zur Einbeziehung aller objektiven Produktionsbedingungen einschließlich der natürlichen Ressourcen. Mitunter werden auch subjektive Elemente der Produktion (beispielsweise die Organisation) berücksichtigt.

Nick definiert die materiell-technische Basis der Gesellschaft als "die Gesamtheit der durch die menschliche Arbeit geschaffenen gegenständlichen Existenz- und Entwicklungsbedingungen der Gesellschaft sowie der unter den gegebenen Bedingungen nutzbaren natürlichen Ressourcen" und stellt dabei die materiell-technische Basis der Produktion als "Kernstück der materiell-technischen Basis der Gesellschaft" heraus, das die "gegenständlichen Elemente der Produktivkräfte" umfaßt.[12]

Noch differenzierter sind die Standpunkte zum Inhalt des Begriffs bzw. zu den Hauptmerkmalen der materiell-technischen Basis des Kommunismus. Als Hauptmerkmal werden am häufigsten die komplexe Mechanisierung und Automatisierung sowie die vollständige Elektrifizierung der Produktion genannt. So schreibt Čerkovec: "Eben eine in allen Zweigen der gesellschaftlichen Produktion herrschende komplex mechanisierte und vollautomatisierte Produktion ist das Hauptmerkmal der vollständig entwickelten materiell-technischen Basis des Kommunismus."[13]

Für Pokrytan ist die materiell-technische Basis der kommunistischen Formation das höchstentwickelte System der maschinellen Großproduktion, die Herrschaft von Maschinensystemen, die sich auch auf die Transport- und Hilfsarbeiten sowie die Leitungsoperationen erstrecken und schließlich alle Seiten der menschlichen Tätigkeit erfassen. Dadurch wird die im Sozialismus noch weiterbestehende Kleinproduktion endgültig abgelöst.[14]

In bezug auf die Gestaltungskriterien gibt es ebenfalls sehr verschiedene Akzentuierungen. Nach Reinhold bestehen sie vor allem darin, daß mit der Schaffung der materiell-technischen Basis die Leninsche Forderung erfüllt werden muß, eine weitaus höhere Arbeitsproduktivität zu erreichen als in den entwickelten kapitalistischen Ländern.[15]

Den im sowjetischen Buch "Politische Ökonomie" vertretenen Auffassungen gemäß bilden bestimmte Arbeitsmittel die charakteristischen Kriterien der materiell-technischen Basis des Kommunismus. Diese "müssen energetisch so leistungsfähig und technisch so vollkommen sein, daß die Gesellschaft Güter im Überfluß produzieren und das kommunistische Prinzip realisieren kann: 'Jeder nach seinen Fähigkeiten, jedem nach seinen Bedürfnissen'."[16]

Pugačev wiederum lenkt die Aufmerksamkeit besonders darauf, daß mit der vollen Automatisierung und Kybernetisierung der Mensch aus dem "Bereich der eigentlichen materiellen Produktion" heraustritt und die Arbeit in eine Tätigkeit der "Beobachtung und Regulierung" verwandelt wird.[17]

Die hier nur beispielhaft wiedergegebenen Auffassungen kennzeichnen zweifelsohne bestimmte Merkmale oder Kriterien der materiell-technischen Basis des Kommunismus bzw. ihrer Funktionen im gesellschaftlichen Reproduktionsprozeß. Komplexe Automatisierung, hohe Arbeitsproduktivität, Überfluß an Gütern, höchstentwickelte Großproduktion oder das Heraustreten des Menschen aus dem unmittelbaren technologischen Prozeß drücken aber im wesentlichen nur besondere naturale Aspekte aus, d.h. Charakterzüge, die der konkrete Arbeitsprozeß im Kommunismus annehmen wird (oder annehmen soll).

Es erhebt sich jedoch die grundsätzliche Frage, ob durch solche ausgewählten naturalen Aspekte das Wesen einer so komplexen Erscheinung des gesellschaftlichen Entwicklungsprozesses, wie sie die materiell-technische Basis darstellt, überhaupt erklärbar ist. Zumindest müßte doch gezeigt werden, was diese sehr verschiedenen naturalen Kennzeichnungen, die im Prinzip alle mit dem gleichen Sachverhalt, eben der materiell-technischen

Basis des Kommunismus, verbunden sind, gewissermaßen "im Innersten zusammenhält".

In dieser Hinsicht können die verschiedenen Ansätze zu einer näheren Bestimmung des Wesens der materiell-technischen Basis noch keine befriedigende Antwort geben. Dazu wären vor allem die grundlegenden Eigenschaften nachzuweisen, die der materiellen Technik in den verschiedenen Produktionsweisen einen Basischarakter verleihen. Das macht die Klärung der Frage erforderlich, wodurch sich die materiell-technische Basis des Kommunismus prinzipiell von der materiell-technischen Basis des Kapitalismus unterscheidet.

Diese Grundfragen der gesellschaftlichen Anwendung der Technik und ihrer sozialen Konsequenzen sind offensichtlich der Schwerpunkt, dem sich die politökonomische Erforschung der materiell-technischen Basis jetzt besonders zuwenden muß. So betont Chejnman, daß die Aufgabe, die materiell-technische Basis des Kommunismus zu gestalten, vor allem einen sozialen Charakter hat und daß der soziale "Auftrag" den Ausgangspunkt für die Gestaltung aller Elemente der materiell-technischen Basis des Sozialismus und Kommunismus bildet.[18]

Bei vielen Abhandlungen über die materiell-technische Basis erweist es sich als Mangel, daß Hinweise darauf fehlen, wie sie sich in das Kategoriensystem der politischen Ökonomie bzw. der Wirtschaftswissenschaften einordnet. Es bleibt oft unklar, ob der Begriff materiell-technische Basis im Bezugssystem der Produktionsweise, also in der politökonomischen Abstraktion, oder im Bezugssystem der konkreten Volkswirtschaft benutzt wird. Häufig wird sogar der zuletzt genannte Begriffsinhalt in der Bedeutung des ersten angewendet, was die erforderliche Klarheit und wissenschaftliche Exaktheit der Aussagen wesentlich beeinträchtigt. Das trifft meist für solche Definitionen zu, die von einer "Gesamtheit" der Arbeitsmittel, Produktionsmittel oder aller materiell-technischen Bedingungen ausgehen, worauf im folgenden Abschnitt noch besonders eingegangen wird.

Wenn man die politökonomische Bestimmung des Begriffs materiell-technische Basis, also ihre Funktion bei der Herausbildung einer Produktionsweise, klären will, darf man nicht an der Tatsache vorbeigehen, daß dieser Begriff auch in einem wirtschaftspolitischen Sinn gebraucht wird, so spricht man von der materiell-technischen Basis der Volkswirtschaft, aber auch der Industrie, der Landwirtschaft, des Bauwesens, des Handels u.a. Hiermit wird dieser Begriff allerdings in ein ganz anderes Bezugssystem gestellt, bei dem die materiell-technische Sicherung der Zweigentwicklung, nicht aber die Aufdeckung der sozialökonomischen Wirkungen der Technik im Vordergrund steht.

Offensichtlich ist für die politökonomische Untersuchung einer solchen gesellschaftlichen Erscheinung wie der materiell-technischen Basis ein methodologisch einwandfreies Herangehen an den Gegenstand und insbesondere die richtige Anwendung der Marxschen Methode der wissenschaftlichen Abstraktion von großer Bedeutung. Es zeigt sich immer wieder, daß die Beachtung der methodologischen Prinzipien der politischen Ökonomie im speziellen Fall, vor allem bei einer derart technischen Thematik, nicht so einfach und selbstverständlich ist, wie es zunächst scheinen mag.

Ein methodologisch falsches Herangehen birgt stets die Gefahr in sich, daß die entwicklungsbestimmenden gesellschaftlichen Prozesse, die entscheidenden Wechselwirkungen der gesellschaftlichen Problematik nicht ausreichend erfaßt werden und daß bei wirtschaftlich-technischen Oberflächenerscheinungen, die nach Marx nur eine chaotische Vorstellung des Ganzen vermitteln, stehengeblieben wird.

Die folgenden Ausführungen sollen sich deshalb zunächst mit den Gründen auseinandersetzen, warum die materiell-technische Basis eine wesensbestimmende Kategorie der Produktionsweise bzw. Gesellschaftsformation ist. Draus lassen sich dann die gesellschaftlichen Kriterien ableiten, die unter den gegenwärtigen Entwicklungsbedingungen für die weitere planmäßige Gestaltung der materiell-technischen Basis maßgebend sind.

2. Zum Begriff und zu den sozialökonomischen Kriterien der materiell-technischen Basis

Die im ersten Abschnitt skizzierten Zusammenhänge zwischen den gesellschaftlichen Zielen in den einzelnen Etappen des sozialistischen Aufbaus und den Entwicklungsschwerpunkten der materiell-technischen Basis des Kommunismus zeigen deutlich, daß es sich bei der materiell-technischen Basis der Gesellschaft um eine Erscheinung handelt, die - obwohl eindeutig von stofflicher und technischer Natur - politökonomisch nur durch ihre Funktion im gesellschaftlichen Entwicklungsprozeß, d.h. bei der Realisierung gesellschaftlicher Ziele, begriffen werden kann.

Das bezieht sich vor allem auf die einfache, aber wichtige Tatsache, daß die sozialistische Gesellschaft bei der Entwicklung der Produktionsverhältnisse - ihrer ökonomischen Basis - nur solche Ziele verwirklichen kann, wofür sie ausreichende materiell-technische Voraussetzungen besitzt. Insofern entscheidet das Niveau der materiell-technischen Basis darüber, welche Ziele in dieser Hinsicht überhaupt gestellt werden können. Umgekehrt bestimmen die sozialistischen Produktionsverhältnisse aber Richtung und Umfang der Entwicklung der materiell-technischen Basis, denn jedes Glied des gesellschaftlichen Systems der technischen Mittel und Strukturen muß den Erfordernissen der sozialökonomischen Entwicklung dienen.

Will man die materielle Technik als Basis für die Entwicklung der Produktionsverhältnisse, d.h. in ihrem politökonomischen Wesen bestimmen, muß man aus der Gesamtheit ihrer Elemente diejenigen heraussondern, denen gemeinsam ist, daß sie entscheidend und unabdingbar für die Herausbildung der Hauptmerkmale und die Erfüllung der grundlegenden Ziele einer Produktionsweise sind, wie das in ihrem ökonomischen Grundgesetz zum Ausdruck kommt. Diese Elemente der materiellen Technik bilden das materiell-technische Fundament für die soziale Ordnung und üben auf diese Weise eine gesellschaftliche Basisfunktion aus.

In diesem Sinne hat Marx den Basisbegriff in die politische Ökonomie eingeführt. Er gebrauchte ihn vor allem dann, wenn er die entscheidenden Faktoren bzw. Bedingungen bezeichnen wollte, die das Wesen einer gesellschaftlichen Erscheinung gesetzmäßig bestimmen. Es handelt sich hier um die Grundstruktur dieser Faktoren oder Bedingungen, die einem übergeordneten System die charakteristischen Züge gibt, so wie die ökonomische Struktur oder die Produktionsverhältnisse die Basis der gesamten Gesellschaftsformation einschließlich ihres politisch-ideologisch-kulturellen Überbaus sind. In diesem Sinne wandte Marx auch die Begriffe "technische Basis", "technische" bzw. "materielle Grundlage oder Unterlage" an (er hatte hier keinen festen terminus technicus). Marx beschrieb damit typische Arbeitsmittel und ihre technologische Verknüpfung zu einem spezifischen Produktionsorganismus, der kennzeichnend für eine ganz bestimmte Produktionsweise ist.[19]

Marx sprach davon, daß unter den vorgefundenen Bedingungen der Manufaktur sich der Maschinenbetrieb zunächst "naturwüchsig auf einer ihm unangemessenen materiellen Grundlage" erhob und sich erst "eine seiner eignen Produktionsweise entsprechende neue Basis" schaffen mußte. Ebenso wies er darauf hin, daß die große Industrie "auch technisch in Widerstreit mit ihrer handwerks- und manufakturmäßigen Unterlage" geriet.[20]

Der Schlüssel für das politökonomische Verständnis der materiell-technischen Basis liegt darin, sie als Erscheinung einer Produktionsweise in ihren sozialökonomischen Eigenschaften und Funktionen zu erfassen. Das Wesen dieser Erscheinung wird durch die dialektische Einheit naturaler, auf die Produktivkraftentwicklung und Bedürfnisbefriedigung, sowie ökonomischer, auf die Entwicklung der Produktionsverhältnisse gerichteter Funktionen geprägt. Aufgabe der sozialistischen Gesellschaft ist es, den technischen Organismus, den sie vom Kapitalismus übernommen hat und mit dem sie eine längere Übergangsperiode hindurch ihr Leben bestreiten muß, zu benutzen, um ihn schrittweise über viele Entwicklungsstufen in die materiell-technische Basis umzuwandeln, die allein kommunistische Produktions- und Verteilungsverhältnisse garantieren kann.

Die Fragen nach den sozialökonomischen Eigenschaften und Funktionen der materiell-technischen Basis richten sich vor allem darauf, welchen Einfluß einerseits die materiellen und technischen Bedingungen auf die Produktionsverhältnisse ausüben und wie andererseits die Produktionsverhältnisse auf die materiell-technische Basis zurückwirken.

Hier ist nochmals zu betonen, daß es Anliegen dieses Forschungsberichtes ist, die Basisfunktion der Technik politökonomisch zu interpretieren. Wie schon im vorigen Abschnitt angedeutet, kann (und muß sogar) diese Basisfunktion in anderen wissenschaftlichen Beziehungssystemen auch anders aufgefaßt werden. So ist natürlich die Technik eine Basis der materiellen Existenz der Gesellschaft überhaupt oder eine Basis der Produktionsorganisation, wie oft in der Literatur bemerkt wird. Hier bezieht sich aber die Basisfunktion der Technik im erstgenannten Fall auf Fragestellungen der allgemeinen Gesellschaftstheorie bzw. des historischen Materialismus oder im zuletzt genannten Fall auf Fragestellungen der Organisationswissenschaft. So vielfach die Auslegungen der Basisfunktion der Technik in den Betrachtungsweisen der verschiedenen wissenschaftlichen Disziplinen auch sein mögen, für die politische Ökonomie kann die Technik nur dann Basischarakter haben, wenn und soweit sie die Herausbildung und Entwicklung der Produktionsverhältnisse begründet.

Da die Produktionsverhältnisse ihrem Wesen nach Eigentums- bzw. Aneignungsverhältnisse sind, bei denen das Eigentum an den Produktionsmitteln die entscheidende Rolle spielt, muß die politökonomische Klärung der Basisfunktion der Technik bei diesen Eigentumsbeziehungen ansetzen. Die Hauptfragen betreffen dabei die Art und Weise, wie die materielle Technik zur Herausbildung, Festigung und, in bezug auf die vergangenen Produktionsweisen, schließlich auch zur Überwindung der jeweiligen Eigentumsverhältnisse beigetragen hat.

2.1. Materiell-technische Basis und Eigentumsverhältnisse

Um die Rolle der materiellen Technik bei der Herausbildung und Festigung der Eigentumsverhältnisse in der Wechselwirkung von Produktivkräften und Produktionsverhältnissen darzulegen, muß davon ausgegangen werden, daß sich die Produktivkräfte aus zwei unterschiedlichen Komponenten zusammensetzen: dem Menschen als Hauptproduktivkraft und den materiellen Mitteln, die er zwischen sich und den Arbeitsgegenstand schiebt, um sich die Natur seinen Bedürfnissen gemäß anzueignen.

Aber erst durch ihre Verbindung im Arbeitsprozeß werden die beiden Komponenten der Produktivkräfte zu den wirklich produktiven Kräften. "Eine Maschine, die nicht im Arbeitsprozeß dient, ist nutzlos. ... Die lebendige Arbeit muß diese Dinge ergreifen, sie von den Toten erwecken, sie aus nur möglichen in wirkliche und wirkende Gebrauchswerte verwandeln. Vom Feuer der Arbeit beleckt, als Leiber derselben angeeignet, zu ihren begriffs- und berufsmäßigen Funktionen im Prozeß begeistert, werden sie zwar auch verzehrt, aber zweckvoll, als Bildungselemente neuer Gebrauchswerte, neuer Produkte, die fähig sind, als Lebensmittel in die individuelle Konsumtion oder als Produktionsmittel im neuen Arbeitsprozeß einzugehn."[21]

Hierin liegt der Grund, warum materiell-gegenständliche Elemente überhaupt Produktionsverhältnisse beeinflussen können, also Beziehungen, die die Menschen im Arbeitsprozeß untereinander eingehen. Indem die materiell-technischen Mittel zu "Leibern der lebendigen Arbeit" werden, vermögen sie auch ihre belebende Kraft - die in Gesellschaft arbeitenden Menschen - selbst zu beeinflussen, und daraus ergibt sich schließlich ein bestimmter Zusammenhang zwischen der materiellen Technik und den Eigentumsverhältnissen.

Welche Rolle die materielle Technik bei der Entwicklung der Produktions- und damit auch Eigentumsverhältnisse spielt und inwiefern sie sogar deren Basis werden kann, hängt offensichtlich von den qualitativen und quantitativen Verhältnissen ab, in denen der Mensch mit seinen eigenen Organen einerseits und mit künstlichen Arbeitsmitteln andererseits den Stoffwechsel zwischen sich und der Natur vollzieht.

Benutzt der Mensch nur einfache Arbeitsmittel und ist die Zweckerfüllung des Arbeitsprozesses hauptsächlich von seinen physischen und psychischen Kräften abhängig, prägen letztere auch die gesellschaftlichen Beziehungen, und zwar sowohl die der produktions-organisatorischen Vergesellschaftung als auch die der sozialökonomischen bei der Aneignung der Produkte. Auf den niederen Stufen der gesellschaftlichen Produktivkräfte ist die manuelle Technik bestimmend für die Gestaltung der Produktionsverhältnisse. Sie ist damit auch die technische Basis der Gesellschaftsordnungen, die auf diesen Produktionsweisen beruhen. Das erklärt, warum mit dem Aufkommen des Privateigentums das Eigentum an bzw. die Verfügungsgewalt über Menschen das entscheidende Eigentums- und Machtverhältnis dieser Gesellschaftsordnungen (Sklaverei, Feudalismus) war. Hier bildeten die produzierenden Menschen gegenüber der gering entwickelten materiellen Technik die überwiegenden Produktionsfaktoren für das zu erzeugende Mehrprodukt.

Bei der maschinellen Technik, die mit dem Kapitalismus die vorherrschende Produktionstechnik wurde, ging dagegen das Übergewicht an den Produktionsfaktoren eindeutig von den manuellen Verrichtungen zur materiellen Technik über. Von der Maschinerie, nicht mehr vom Arbeiter, hingen jetzt Tempo, Rhythmus, Arbeitsteilung, Produktivität u.a.m. im unmittelbaren Arbeitsprozeß hauptsächlich ab, und die kapitalistisch angewendete Maschinerie verwandelte den Arbeiter vielfach zu ihrem bloßen Anhängsel.

Damit war auch die Verfügungsgewalt über die materiell-technischen Produktionsbedingungen - das Eigentum an den Produktionsmitteln - zu den für die Produktionsverhältnisse entscheidenden Eigentumsbeziehungen geworden.

Das weist schließlich auf die erstrangige Bedeutung hin, die die Überführung der wichtigsten Produktionsmittel in gesellschaftliches Eigentum für die sozialistische Revolution und damit für die Schaffung der materiell-technischen Basis des Sozialismus hat.

Das Eigentum an den Produktionsmitteln bildet zwar die grundlegende soziale Beziehung der Produktionsverhältnisse, die vor allem für die gesellschaftlichen Ziele der Produktion entscheidend ist, es vermag jedoch allein noch keinen Aufschluß über die besonderen Beziehungen zu geben, die die Menschen im Produktionsprozeß zueinander eingehen und anzeigen, wie sie ihre Fähigkeiten entfalten und wie sie ihre Arbeitsprodukte sich aneignen bzw. unter sich verteilen können.

Die Art und Weise des Aneignungsprozesses und damit das Wesen der Produktionsverhältnisse sind erst dann voll zu erfassen, wenn entsprechend der Marxschen Methode die gesellschaftliche Arbeit selbst als der ausschlaggebende Aneignungsprozeß begriffen wird, mit dem auch die Reproduktion des Eigentums an den Produktionsmitteln stattfindet. Insofern sind die Produktionsverhältnisse mit allen wesentlichen Merkmalen verbunden, die den Charakter der Arbeit in den jeweiligen gesellschaftlichen Entwicklungsstufen bestimmen.

Im Charakter der Arbeit verschmelzen sich die Eigenschaften, die vom Eigentum an den Produktionsmitteln ausgehen, mit den Eigenschaften, die auf die materiell-technischen Arbeitsbedingungen zurückzuführen sind, zu einer untrennbaren dialektisch-widersprüchlichen Einheit.

In dieser Hinsicht hat die Arbeit im Sozialismus auf Grund des gesellschaftlichen Eigentums an den Produktionsmitteln sozial gleichen Charakter, während sie aber zugleich auf Grund der angewendeten Technik und Arbeitsteilung noch wesentliche Unterschiede zwischen körperlicher und geistiger Arbeit, qualifizierter und unqualifizierter Arbeit, zwischen Stadt und Land, zwischen den verschiedenen Berufsgruppen und dgl. aufweist, die schließlich erst mit einer neuen Technik und Arbeitsteilung in der höheren Phase des Kommunismus überwunden werden können. Klein bemerkt dazu: "Der Charakter der sozialistischen Arbeit, der also den Inhalt der Arbeit einschließt, ist einerseits bei allen Werktätigen gleich, da alle als Eigentümer der Produktionsmittel frei von Ausbeutung für sich und die Gesellschaft arbeiten. Gleichzeitig weist er infolge der gegebenen, vom Kapitalismus übernommenen Arbeitsteilung zwischen den verschiedenen Klassen und Schichten der sozialistischen Gesellschaft noch Unterschiede auf, die sich aus dem unterschiedlichen Grad der Vergesellschaftung der Produktionsmittel, aus den unterschiedlichen Möglichkeiten zur geistig-schöpferischen Arbeit und letztlich aus dem Niveau der Entwicklung der Produktivkräfte ergeben."[22] Unter diesen Gesichtspunkten kommen in den Produktionsverhältnissen über den Charakter der Arbeit und zusammen mit der Eigentumsbeziehung zu den Produktionsmitteln auch die materiellen und technischen Bedingungen zum Ausdruck, unter denen in den verschiedenen Entwicklungsstufen die gesellschaftliche Arbeit verausgabt wurde und sich vergegenständlichte.

Im Charakter der Arbeit können sich demnach selbst unlösbare Widersprüche herausbilden. Als mit dem wachsenden Kapitalismus die technische Entwicklung den Charakter der Arbeit grundlegend veränderte, entstand der bekannte Konflikt zwischen dem gesellschaftlichen Charakter der Arbeit und dem privaten Eigentum an den Produktionsmitteln. Diese Eigentumsbeziehung wurde zur Fessel für die notwendige weitere Vergesellschaftung der Arbeit.

In den monopolistischen und staatsmonopolistischen Entwicklungsstadien des Kapitalismus wurde der Gegensatz zwischen Arbeit und Produktionsmitteleigentum durch die Akkumulation des Kapitals auf die Spitze getrieben. Der mit der Arbeitsteilung immer stärker werdende gesellschaftliche Charakter der Arbeit verschärfte den Antagonismus zur privaten kapitalistischen Form der Aneignung. Indem dieser Antagonismus alle wesentlichen Produktionsbeziehungen ergriff, verabsolutierte er die Scheidung von Eigentum und Arbeit, trennte er die sachlichen Arbeitsbedingungen vom lebendigen Arbeitsvermögen, den Wert von seiner wertschaffenden Tätigkeit und bewirkte "die Fremdheit des Inhalts der Arbeit gegen den Arbeiter selbst".[23]

Die Zerschlagung des Privateigentums an den Produktionsmitteln und seine Ersetzung durch das sozialistische Eigentum beseitigte zwar diesen Konflikt, aber nicht so, als ob zwischen dem neuen Eigentum an den Produktionsmitteln und dem Charakter der Arbeit nun bereits eine volle Übereinstimmung hergestellt wäre. Vielmehr wird wieder eine neue Dialektik zwischen beiden erzeugt, jetzt aber in dem Sinne, daß das revolutionär veränderte Eigentum an den Produktionsmitteln der durch die neuen technischen und gesellschaftlichen Merkmale bestimmten Arbeit einen Entwicklungsraum eröffnet und damit die Umwälzung der alten technischen Basis nicht nur gesellschaftlich möglich, sondern notwendig macht. Aus einer Fessel wird das Eigentum an den Produktionsmitteln so zu einer Bewegungs- und Stimulierungsform für die Weiterentwicklung der gesellschaftlichen Arbeit in Verbindung mit der von ihr angewendeten Technik. Das erklärt, warum im Sozialismus erst schrittweise, in dem Maße, wie die Akkumulationskraft wächst und der Ausbau der materiell-technischen Basis es ermöglicht, der Charakter der Arbeit dem sozialistischen Eigentum an den Produktionsmitteln angepaßt werden kann.

Die Vergesellschaftung der Produktionsmittel durch die sozialistische Revolution hat die Einheit von Eigentum und Arbeit wiederhergestellt. Das kommt im Charakter der Arbeit auch zum Ausdruck. Die entscheidenden gesellschaftlichen Ursachen für die Entfremdung der Arbeit fallen fort, und es gibt keine Ausbeutung fremder Arbeit mehr. Die Arbeit verwandelt sich in unmittelbar gesellschaftliche, die planmäßig durch den sozialistischen Staat geleitet wird, obgleich sie sich im Sozialismus noch im Rahmen der überlieferten Arbeitsteilung und der Ware-Geld-Beziehungen realisiert. Weil es im Prinzip kein anderes objektives Kriterium für die Aneignung der Konsumgüter gibt als das nach der Leistung, d.h. nach dem eigenen Beitrag zur Mehrung des gesellschaftlichen Reichtums, wird die Bedürfnisbefriedigung zum vorherrschenden Motiv der Arbeit und die Arbeit selbst immer mehr zum Lebensbedürfnis. Die Mitwirkung an der Planung, die freiwillige Arbeitsdisziplin und Unterordnung unter die gesellschaftlichen Erfordernisse, der Wettbewerb um die besten Arbeitsergebnisse, die Neuererbewegung und viele andere Formen der Masseninitiative sind Ausdruck dafür, wie weit sich bereits in der ersten Phase des Kommunismus der Charakter der Arbeit verändert hat, obwohl hier hauptsächlich noch die vom Kapitalismus übernommene Technik genutzt wird und die alte Arbeitsteilung weiterbesteht. Gerade der veränderte Charakter der Arbeit ist aber auch der wesentlichste Ausdruck der neuen materiell-technischen Basis des Sozialismus.

Tabelle 1

Berufstätige der DDR nach Eigentumsformen und nach der Stellung im Betrieb (ohne Lehrlinge)

	1952	1955	1960	1970	1975	1952	1955	1960	1970	1975
	in 1000 Personen					Strukturanteile in %				
Berufstätige insgesamt	7271	7722	7685	7768	7947	100	100	100	100	100
Sozialistischer Sektor	3883	4633	6256	6625	7457	53, 4	60, 0	81, 4	85, 3	93, 7
davon Volkseigener Sektor	3633	4167	4823	5174	6231	50, 0	54, 0	62, 8	66, 6	78, 4
Genossenschaftlicher Sektor	249	466	1432	1451	1226	3, 4	6, 0	18, 6	18, 7	15, 4
davon Genossensch.-Mitglieder	39	193	1063	1008	785	0, 5	2, 5	13, 8	13, 0	9, 9
(darunter LPG)	(39)	(190)	(970)	(711)	(613)	(0, 5)	(2, 5)	(12, 6)	(9, 2)	(7, 7)
Arbeiter und Angestellte	210	273	369	443	441	2, 9	3, 5	4, 8	5, 7	5, 5
Privater Sektor (einschl. halbstaatlicher)	3388	3089	1430	1144	490	46, 6	40, 0	18, 6	14, 7	6, 2
davon Selbständige[1]	1809	1579	424	268	196	24, 9	20, 4	5, 5	3, 4	2, 5
(darunter Einzelbauern)	(1215)	(1029)	(34)	(9)	(7)	(16, 7)	(13, 3)	(0, 4)	(0, 1)	(0, 1)
Arbeiter und Angestellte	1579	1510	1006	876	294	21, 7	19, 6	13, 1	11, 3	3, 7
(darunter in halbstaatlichen Betrieben)	(-)	(-)	(645)	(428)	(28)	(-)	(-)	(8, 4)	(5, 5)	(0, 4)

1 einschließlich mithelfende Familienangehörige.

Quelle: Statistisches Jahrbuch der DDR 1976, Berlin 1976, S. 51 und 53; ebenda 1971, S. 52; ebenda 1960/61, S. 189 und 191.

Erst in fortgeschritteneren Stadien wird die sozialistische Entwicklung auch immer stärker die Technik selbst ergreifen und neue Formen der Arbeitsteilung, der Spezialisierung, Kombination und Kooperation herausbilden, wie sie unter kapitalistischen Verhältnissen nicht mehr zu verwirklichen sind.

Die Praxis der sozialistischen Revolution hat andererseits bestätigt, daß, nachdem mit der Schaffung des volkseigenen Sektors in der Industrie der Grundstein zur Entwicklung der sozialistischen Produktionsverhältnisse gelegt wurde, die weitere sozialistische Umgestaltung des Eigentums an den Produktionsmitteln in der Übergangsperiode und den darauf folgenden Etappen des sozialistischen Aufbaus entscheidend davon abhängt, wie die materiell-technischen Bedingungen dafür herangereift sind. Tabelle 1 weist auf diesen Gesichtspunkt bei der Herausbildung des sozialistischen Eigentums in der DDR hin. Demnach bildete sich hauptsächlich in der zweiten Hälfte der fünfziger Jahre das genossenschaftliche sozialistische Eigentum in der Landwirtschaft heraus. Das wurde erst möglich und notwendig, als infolge der verstärkten industriellen Vorleistungen die höheren Entwicklungsstufen der landwirtschaftlichen Produktionstechnik realisiert werden konnten, die über den Rahmen der einzelbäuerlichen Wirtschaft hinausführten.

Durch die Überführung von genossenschaftlichen, halbstaatlichen und privaten Betrieben in Volkseigentum traten, wie Tabelle 1 ausweist, in den siebziger Jahren erneut wesentliche Veränderungen zugunsten des sozialistischen Sektors ein. Allein von 1970 bis 1975 stieg der Anteil der in volkseigenen und genossenschaftlichen Betrieben beschäftigten Berufstätigen an ihrer Gesamtheit von 85 auf 94 %. Dabei ging der Anteil der Genossenschaftsmitglieder von 13 auf 10 % zurück - einerseits durch die Überführung von PGH in VEB, andererseits durch die weitere Arbeitskräftefreisetzung der Landwirtschaft. Etwa 6 % aller Berufstätigen der DDR waren 1975 noch im privaten (einschl. halbstaatlichen) Sektor beschäftigt, darunter 2, 5 % als Selbständige und mithelfende Familienangehörige. Daß diese weiteren bedeutenden Wandlungen der Eigentumsverhältnisse kaum spürbar vor sich gingen, resultierte aus der stabilen politischen Macht der Arbeiterklasse, die sich auf die gestiegene Leistungsfähigkeit der bis dahin bereits geschaffenen materiell-technischen Basis des Sozialismus stützen konnte. Auch die in den sechziger und siebziger Jahren in der DDR vor sich gegangenen wesentlichen qualitativen Veränderungen innerhalb des genossenschaftlichen Eigentums in der Landwirtschaft müssen im Zusammenhang mit höheren Entwicklungsstufen der landwirtschaftlichen Produktionstechnik betrachtet werden:

Während 1960 die LPG Typ III etwa 3,4 Mio ha und die LPG Typ I und II zusammen etwa 2 Mio ha landwirtschaftliche Nutzfläche einnahmen, entfielen 1975 auf den Typ III bereits mehr als 5 Mio und auf den Typ I und II lediglich noch 0,1 Mio ha. Die Verringerung der Zahl der Betriebe der LPG Typ III um etwa ein Drittel weist darauf hin, daß gleichzeitig eine bedeutende Konzentration der Produktion erfolgte (auf eine LPG Typ III kamen 1960 im Durchschnitt 534 ha, 1975 dagegen 1180 ha). In den siebziger Jahren setzten wiederum Wandlungen durch die Bildung der kooperativen Abteilungen Pflanzenproduktion (KAP) ein, die 1975 schon 1210 Produktionseinheiten zählten und 84 % der Nutzfläche der sozialistischen Landwirtschaft der DDR bewirtschafteten.[24] Solche Wandlungen waren nur auf der Grundlage der beschleunigt wachsenden technischen Ausstattung der landwirtschaftlichen Produktion zu erreichen, mit der immer mehr zu industriemäßigen Methoden übergegangen wurde. Es sei hier nur daran erinnert, daß in den 15 Jahren von 1961 bis 1975 etwa 54 Mrd. Mark in der Landwirtschaft der DDR investiert wurden und sich dadurch der Grundmittelbestand um mehr als das Dreifache vergrößerte.[25]

2.2. Naturaneignung und Entfaltung des Menschen - Rolle der Arbeitsteilung

Jede Naturaneignung basiert auf der Naturbeherrschung durch den Menschen. Marx sah den in dieser Hinsicht wesentlichen Unterschied zwischen Mensch und Tier darin, daß die Biene durch den Bau ihrer Wachszellen manchen menschlichen Baumeister beschämt, den schlechtesten Baumeister zeichnet aber vor der Biene aus, daß er die Zelle zuvor in seinem Kopf baut. "Am Ende des Arbeitsprozesses kommt ein Resultat heraus, das beim Beginn desselben schon in der Vorstellung des Arbeiters, also schon ideell vorhanden war."[26] In diesem Sinne ist die reelle Naturaneignung die Entäußerung eines menschlichen Potentials, seiner eigenen produktiven Potenz, die der vergesellschaftete Mensch im Laufe seiner Entwicklung mit Hilfe materieller und geistiger Mittel in sich ausgebildet hat.

Umgekehrt basiert die Naturbeherrschung selbst wieder auf der Naturaneignung im Arbeitsprozeß, entwickelt sie sich mit den Erfahrungen, Fertigkeiten und wissenschaftlichen Erkenntnissen, die der Mensch in der tätigen Auseinandersetzung mit der Natur erwirbt. Insofern ist die Naturbeherrschung die Verinnerlichung eines äußeren Naturverhältnisses, eine potentielle Aneignung der Natur. Die Natur verwandelt sich in den "unorganischen Leib" des Menschen,[27] aus einem Ding an sich in ein Ding für den Menschen, das er sich seinen Bedürfnissen gemäß aneignen kann.

Die Arbeit übt demzufolge eine doppelte Funktion für den Menschen aus, auf die Marx im "Kapital" hingewiesen hat: "Indem er durch diese Bewegung auf die Natur außer ihm wirkt und sie verändert, verändert er zugleich seine eigne Natur."[28] Die Arbeit ist also nicht nur, wie Engels bemerkte, neben der Natur, die den Stoff liefert, die Quelle allen Reichtums, sondern "unendlich mehr als dies. Sie ist die erste Grundbedingung alles menschlichen Lebens, und zwar in einem solchen Grade, daß wir in gewissem Sinne sagen müssen: Sie hat den Menschen selbst geschaffen."[29]

Im Verlaufe seiner jahrtausendelangen Auseinandersetzung mit der Natur hat der Mensch ein ganzes Arsenal von Fähigkeiten unterschiedlicher Art erworben. Einerseits hat er ganz bestimmte Organe ausgebildet, in seinem genetischen Code gespeichert und von Generation zu Generation vererbt. Engels hat diesen gesellschaftlichen Entwicklungsprozeß charakterisiert: "Durch das Zusammenwirken von Hand, Sprachorganen und Gehirn nicht allein bei jedem einzelnen, sondern auch in der Gesellschaft, wurden die Menschen befähigt, immer verwickeltere Verrichtungen auszuführen, immer höhere Ziele sich zu stellen und zu erreichen. Die Arbeit selbst wurde von Geschlecht zu Geschlecht eine andre, vollkommnere, vielseitigere."[30]

Andererseits hat der Mensch diese Fähigkeiten in einem Prozeß der sozialen Vererbung entwickelt, indem er Kenntnisse und Erfahrungen über das Wirken der Gesetze von Natur und Gesellschaft akkumulierte und der jeweils nachfolgenden Generation vermittelte. Die Möglichkeit und Notwendigkeit der Menschen, bei ihrer produktiven Tätigkeit ihre Anlagen und Fähigkeiten auszubilden und zu vervollkommnen, gehören zu den entscheidenden Charakteristika der gesellschaftlichen Arbeit. Entscheidend deshalb, weil davon nicht nur die Produktivität der lebendigen Arbeit und, was vielleicht noch wichtiger ist, die erweiterte Reproduktion des menschlichen Arbeitsvermögens, sondern auch die Stellung des Menschen in der Produktion, damit sein Anteil am gesellschaftlichen Produkt, letztlich also seine sozialökonomische Lage abhängen. Erst in diesem umfassenden Sinne kann überhaupt davon gesprochen werden, daß der Mensch die Hauptproduktivkraft ist und sie ständig weiterentwickelt. Die Entfaltungsmöglichkeit des Menschen ist also nicht nur Bedingung seiner produktiven Potenzen, sie gehört auch zu den Wurzeln der Produktionsverhältnisse, die sich über viele Zwischenglieder im Eigentum an den Arbeitsergebnissen versachlichen. Die durch den Charakter der Arbeit gegebenen individuellen Möglichkeiten und Notwendigkeiten der Menschen, sich unter den herrschenden gesellschaftlichen Verhältnissen zu entfalten, sich die produktiven Potenzen anzueignen, sind besonders in der auf Gemeineigentum beruhenden Gesellschaft, in der die Gleichheit gegenüber den Produktionsmitteln schon verwirklicht ist, letztlich Ursache für die weiter bestehende unterschiedliche soziale Stellung der einzelnen Gesellschaftsmitglieder im gesellschaftlichen Produktionsprozeß und damit auch für die Größe ihrer Anteile am gesellschaftlichen Produkt.

Es wurde schon darauf hingewiesen und sei hier nochmals betont, daß die versachlichten Eigentumsverhältnisse, besonders die Stellung der Menschen zu den Produktionsmitteln, sowohl fördernd als auch hemmend auf die Entwicklung der Produktivkräfte und des Charakters der Arbeit einwirken. Indes bestimmen sie aber nicht die konkrete Stellung der Menschen im Arbeitsprozeß. Indem durch die Eigentumsverhältnisse die Stellung des Menschen gegenüber den Produktionsmitteln zu einer gesellschaftlichen Institution verfestigt wird, bestimmen sie, ob der Mensch über die gegenständlichen Voraussetzungen und Mittel seiner Entfaltung verfügen kann, in welchem Maße das möglich ist, ob unmittelbar oder mittelbar u. ä. Welche Fähigkeiten, Mittel und gegenständlichen Voraussetzungen das jedoch bewirken (körperliche oder geistige Fähigkeiten, Erfahrung oder Wissenschaft, Anwendung von Werkzeugen oder Werkzeugmaschinen, Nutzung einzelner Naturressourcen oder ganzer Naturpotentiale), das ergibt sich entscheidend aus denjenigen Momenten des Charakters der Arbeit, die durch die angewendete Technik bestimmt sind.

Die Naturaneignung und die damit verbundene Entfaltung des Menschen können in jeder Gesellschaft nur innerhalb und vermittels der Arbeitsteilung stattfinden und sich entwickeln. Das Verhältnis, in dem sich die Arbeit, die insgesamt zur Befriedigung der gesellschaftlichen Bedürfnisse notwendig ist, unter die verschiedenen Gesellschaftsmitglieder verteilt, bestimmt zugleich auch, in welchem Maße und auf welche Weise diese individuell an ihrer gesellschaftlich betriebenen Naturaneignung und Entfaltung teilhaben.

Neben der ungeheuer stimulierenden Wirkung auf die Produktivkräfte birgt die Arbeitsteilung eine Reihe grundlegender Widersprüche in sich, die besonders mit der Entfaltung des Menschen zusammenhängen und gerade deshalb von Marx und Engels auch eingehend untersucht wurden. Die entscheidende Rolle der Arbeitsteilung besteht in dieser Hinsicht darin, daß mit ihr "die Möglichkeit, ja die Wirklichkeit gegeben ist, daß die geistige und materielle Tätigkeit - daß der Genuß und die Arbeit, Produktion und Konsumtion, verschiedenen Individuen zufallen"[31].

Im Grunde drückt die Arbeitsteilung in bezug auf die Tätigkeit dasselbe aus wie das Eigentum in bezug auf das Produkt der Tätigkeit. Damit sind schon alle Widersprüche gegeben, die zu einer ungleichen quantitativen und qualitativen Verteilung der Arbeit und ihrer Produkte führen können. Deswegen wird mit der Arbeitsteilung zugleich der Widerspruch zwischen dem Interesse des einzelnen Individuums und dem Interesse der Gemeinschaft existent.[32] Die vielfältigen Widersprüche, die innerhalb der verschiedenen Produktionsweisen von der Arbeitsteilung ausgehen können, reflektieren sich schließlich im Menschen selbst. "Indem die Arbeit geteilt wird, wird auch der Mensch geteilt." Bereits "die erste große Arbeitsteilung, die Scheidung von Stadt und Land, verurteilte die Landbevölkerung zu jahrtausendelanger Verdummung und die Städter zur Knechtung eines jeden unter sein Einzelhandwerk".[33] All das führte zu der für unsere Thematik so bedeutsamen Feststellung von Engels, daß die Gesellschaft, indem sie sich zur Herrin sämtlicher Produktionsmittel macht, die alte Produktionsweise von Grund auf umwälzen und die alte Teilung der Arbeit verschwinden lassen muß.

"An ihre Stelle muß eine Organisation der Produktion treten, in der einerseits kein einzelner seinen Anteil an der produktiven Arbeit, dieser Naturbedingung der menschlichen Existenz, auf andere abwälzen kann; in der andrerseits die produktive Arbeit, statt Mittel der Knechtung, Mittel der Befreiung der Menschen wird, indem sie jedem einzelnen die Gelegenheit bietet, seine sämtlichen Fähigkeiten, körperliche wie geistige, nach allen Richtungen hin auszubilden und zu betätigen und in der sie so aus einer Last eine Lust wird."[34] Nur wenn die knechtende Unterordnung der Individuen unter die Arbeitsteilung beseitigt und damit der Gegensatz von geistiger und körperlicher Arbeit aufgehoben sowie auf dieser Grundlage die Arbeit aus dem Mittel zum Leben in das erste Lebensbedürfnis verwandelt worden sind, werden, wie Marx, Engels und Lenin unmißverständlich dargelegt haben, die im Sozialismus trotz vergesellschafteter Produktionsmittel noch herrschenden sozialökonomischen Ungleichheiten, die zwangsläufig auch ungerecht sind, überwunden sein.[35]

Hieraus ergibt sich auch die Grundorientierung für die Herausbildung der sozialistischen und später kommunistischen Lebensweise der Menschen. Mit Recht betont Kapustin, daß die Arbeit das Hauptfeld für die Entwicklung der körperlichen und geistigen Fähigkeiten des Menschen ist und daß das ökonomische Grundgesetz falsch verstanden würde, wenn man es nur auf die maximale Befriedigung der materiellen und kulturellen Bedürfnisse der Menschen reduziere.

"Ein prinzipielles Merkmal der sozialistischen Lebensweise, insbesondere in der Etappe der entwickelten sozialistischen Gesellschaft, besteht darin, daß die Zufriedenheit des Menschen mit der Arbeit nicht nur als Quelle des Einkommens, sondern auch als der Bedingung für die Äußerung und Entwicklung seiner körperlichen und geistigen Fähigkeiten, des Schöpfertums sowie der Kommunikation mit anderen Menschen immer mehr in den Vordergrund tritt.

Die neue Einstellung zur Arbeit äußert sich - und das wird sich in Zukunft noch viel stärker zeigen - in außerordentlich hohen Anforderungen der Werktätigen an den Charakter und die Bedingungen der Arbeit, an ihr schöpferisches Element."[36] Diese Anforderungen richten sich nach Kapustin auf die Vervollkommnung der Technik, der Technologie sowie der Produktions- und Arbeitsorganisation, durch die insbesondere unqualifizierte, körperlich schwere Arbeit und monotone unschöpferische Arbeitsprozesse zu beseitigen sind.[37] Es ist selbstverständlich, daß die Erfüllung dieser Erfordernisse nicht ohne wesentliche Veränderungen der bestehenden, größtenteils noch vom Kapitalismus überlieferten Arbeitsteilung möglich ist.

In diesem Zusammenhang ist daran zu erinnern, daß bis jetzt noch etwa 30 % der Beschäftigten der Industrie der DDR mit einfachen, nicht durch Energie betriebenen Werkzeugen arbeiten und etwa ebensoviel noch körperliche Bedienungsfunktionen ausüben.[38] Der Automatisierungskoeffizient der Arbeit in den zentral geleiteten volkseigenen Industriebetrieben hat sich zwar in den zehn Jahren von 1963 bis 1973 ungefähr verdoppelt, erreichte aber dann erst 8,1 %. Selbst in so günstigen Zweigen für die Automatisierung, wie die chemische Industrie oder die Lebensmittelindustrie, arbeiteten 1973 auch erst 10,3 bzw. 12,6 % der Produktionsarbeiter und des entsprechenden ingenieurtechnischen Personals an automatisierten Anlagen.[39]

2.3. Arbeitsmittel und Produktionsverhältnisse

Entsprechend seinen Fortschritten bei der Naturbeherrschung übertrug der Mensch immer mehr Funktionen des Arbeitsprozesses auf Arbeitsmittel im weitesten Sinne. Er ersetzte seine körperlichen Organe durch künstlich geschaffene technische Mittel, durch einzelne Naturprozesse oder durch die Wirkung ganzer Potentiale seiner natürlichen Umwelt.

Unter diesem Gesichtspunkt teilen die Arbeitsmittel die Arbeit zur Fertigung eines Gegenstandes oder zur Durchführung einer Operation in diejenige, die der Mensch mit seinen eigenen Organen, und in diejenige, die er mit körperfremden Organen, mit Arbeitsmitteln, vollzieht. Indem die Arbeitsmittel auf diese Weise die Arbeit teilen, bestimmen sie zugleich die spezifischen Anforderungen, die die Arbeit an den Arbeiter stellt. Das betrifft nicht nur die besonderen beruflichen Fertigkeiten, sondern auch die körperliche Ausbildung, den Grad von Intelligenz, die Kombinationsfähigkeit, das Konzentrationsvermögen und all die anderen menschlichen Anlagen, die im konkreten Arbeitsprozeß wirken und, zusammen mit den vom Eigentum an den Produktionsmitteln entstehenden Wirkungen, im Charakter der Arbeit zum Ausdruck kommen. Mit der Teilung der gesellschaftlichen Arbeit wird demnach auch das Arbeitsvermögen des einzelnen Arbeiters auf Teilfunktionen reduziert. Das einzelne Individuum äußert durch die Art und Weise, wie es mit den Arbeitsmitteln verbunden ist und so mit seinem Arbeitsvermögen am gesellschaftlichen Gesamtarbeiter beteiligt ist, seine produktiven Beziehungen zu den anderen, den Gesamtarbeiter bildenden Individuen.

Noch bis zur Manufaktur war die manuelle Kunstfertigkeit des Arbeiters in der Handhabung eines spezialisierten Systems von Werkzeugen die Grundlage der Arbeitsteilung auf die Individuen. Das Gelingen der Arbeit hing weniger davon ab, wie das Werkzeug beschaffen war, sondern vielmehr davon, wie das geistige, sinnliche, motorische und manuelle Geschick des Arbeiters zur Führung des Werkzeugs entwickelt war. Daß mit dieser Arbeitsteilung in der Manufakturperiode die Verkümmerung des Menschen wuchs und sie ihn lebenslang an bestimmte Teilfunktionen und Werkzeuge kettete,[40] vollbrachte die spezifisch kapitalistische Anwendung des Manufakturhandwerks.

Mit der Übertragung des Werkzeugs aus der Hand des Arbeiters auf eine Maschine änderte sich das Bild grundlegend. Jetzt gingen die Anforderungen an die zu teilende Arbeit nicht mehr von der lebendigen Arbeit aus, jetzt legte die vergegenständlichte Arbeit - das Arbeitsmittel - fest, wie die Arbeit zu teilen war. Die Übertragung der Funktion des zuvor manuell genutzten Werkzeugs auf eine Maschine bildet eine entscheidende Zäsur in der Wechselwirkung zwischen Arbeitsteilung und Arbeitsmittel, weil eines der beiden wichtigsten produktiven Organe des Menschen, die Hand mit ihrem organischen Steuersystem, durch technische Mittel ersetzt wurde. "Die Anzahl der Werkzeuge, womit dieselbe Werkzeugmaschine gleichzeitig spielt, ist von vornherein emanzipiert von der organischen Schranke, wodurch das Handwerkszeug eines Arbeiters beengt wird."[41]

Die Werkzeugmaschine verringerte die an den einzelnen im unmittelbaren Arbeitsprozeß zu stellenden Anforderungen an sein Arbeitsvermögen bedeutend, denn der Mensch verfügte mit ihr nunmehr über einen Produktionsagenten von bisher nicht gekannter Leistungsfähigkeit. Vom rein technischen Standpunkt aus hätte die Maschine einen ungeheuren Fortschritt in der Erleichterung der Lage der Arbeiterklasse bedeuten können. Daß daraus das Gegenteil wurde und die Maschinerie, wie Marx das ausdrückte, "mißbraucht" wurde, um sowohl die Arbeitszeit ins Unangemessene zu verlängern als auch eine Arbeitsteilung zu praktizieren, die die große Masse der Arbeiter "von Kindesbeinen in den Teil einer Teilmaschine"[42] verwandelt, zeigt wiederum nur die Umkehrung der gesellschaftlichen Verhältnisse durch die kapitalistische Anwendung der Technik.

Die in der großen Fabrikindustrie organisierte Maschinerie erwies sich als das am besten geeignete technische Mittel für die Entwicklung der kapitalistischen Produktionsweise mit ihrem Ziel, Profit zu erzeugen, um das eingesetzte Kapital zu verwerten. Dabei änderte sich die Arbeitsteilung zunächst so, daß die überwiegende Mehrheit der Arbeiter nur noch in einem Teilgeschick ausgebildet zu werden brauchte, ihre Reproduktionskosten dementsprechend niedrig waren und sie in eine "hilflose Abhängigkeit vom Fabrikganzen, also vom Kapitalisten"[43] gerieten.

Auf Grund ihrer besonderen Eignung für die kapitalistische Ausbeutung wurde die Maschinerie zur allgemeinen Grundlage, zur technischen Basis für die kapitalistische Produktionsweise. Hier zeigt sich wieder, daß es nicht nur die Technik ist oder daß es nicht die Arbeitsmittel an sich sind, sondern ihre der allgemeinen gesellschaftlichen Zielsetzung untergeordnete Anwendung ist, die sie zur technischen Basis der Produktion und - mit ihrer Ausbreitung im gesamtgesellschaftlichen Maßstab - zur technischen Basis einer Gesellschaftsordnung werden läßt. Marx hat auf diesen Umstand ausdrücklich hingewiesen, als er die unterschiedlichen Definitionen von Ure zur automatischen Fabrik kommentierte. Nach Marx beschreibt Ure diese Fabrik einerseits als "Kooperation verschiedner Klassen von Arbeitern ..., die ... ein System produktiver Maschinerie überwachen, das ununterbrochen durch eine Zentralkraft (den ersten Motor) in Tätigkeit gesetzt wird", andererseits als "einen ungeheuren Automaten, zusammengesetzt aus zahllosen mechanischen und selbstbewußten Organen, die im Einverständnis und ohne Unterbrechung wirken, um einen und denselben Gegenstand zu produzieren, so daß alle diese Organe einer Bewegungskraft untergeordnet sind, die sich von selbst bewegt".[44] Das Entscheidende ist hier aber, wie Marx diese beiden Ausdrücke bewertet. "In dem einen erscheint der kombinierte Gesamtarbeiter ... als übergreifendes Subjekt und der mechanische Automat als Objekt, in dem andren ist der Automat selbst das Subjekt, und die Arbeiter sind nur als bewußte Organe seinen bewußtlosen Organen beigeordnet und mit denselben der zentralen Bewegungskraft untergeordnet. Der erstere Ausdruck gilt von jeder möglichen Anwendung der Maschinerie im großen, der andre charakterisiert ihre kapitalistische Anwendung."[45]

Verfolgt man die technische Basis der Gesellschaft in ihrer geschichtlichen Entwicklung, zeigt sich, daß in der dem Kapitalismus direkt vorangehenden Periode die Gesellschaft auf der Handfertigkeit und dem Geschick des Arbeiters, also auf der manuellen Technik, im Kapitalismus dagegen auf der maschinellen Technik beruhte. In diesem Sinne könnte man davon sprechen, daß die bisherige manuell-technische Basis durch eine maschinell-technische abgelöst wurde.

Aus diesen Darlegungen ergibt sich nun die folgende wichtige Erkenntnis für die materiell-technische Basis: Von allen gegenständlichen Bedingungen, auf denen das materielle Leben der Gesellschaft, insbesondere ihre Arbeit, beruht, können nur die Arbeitsmittel qualitative Veränderungen der Produktionsverhältnisse hervorrufen. Umgekehrt erfordern bestimmte Produktionsverhältnisse auch ein bestimmtes Niveau und eine bestimmte Art von Arbeitsmitteln. Das kann vom Standpunkt des Wechselverhältnisses zwischen Produktivkräften und Produktionsverhältnissen auch nicht anders sein, denn die Arbeitsmittel sind der für die Regelung dieses Verhältnisses wesentliche Teil der sachlichen Produktivkräfte.

Da von den Arbeitsmitteln auch die Verteilung des gesellschaftlichen Arbeitsvermögens auf die Individuen abhängt, bestimmen die Arbeitsmittel die Entwicklungsmöglichkeiten und -notwendigkeiten der menschlichen Produktivkräfte und damit den Grad, in dem sich der Mensch als Mensch verwirklichen, seine Fähigkeiten und Anlagen entfalten kann. Indem die Arbeitsmittel zur Hauptbedingung für die Herausbildung des Charakters der Arbeit und deren Verteilung auf die Individuen werden, legen sie die soziale Stellung der Menschen im Arbeitsprozeß fest. Auf diese Weise begründen sie auch den Grad der produktiven Entfaltung des Menschen und der Aneignung der Arbeitsergebnisse im Verhältnis zueinander - das Verhältnis, das heute, unter den Bedingungen der sozialistischen Wirtschaft, in der praktischen Verwirklichung des sozialistischen Prinzips "Jeder nach seinen Fähigkeiten, jedem nach seiner Leistung" zum Ausdruck kommt.

Über die Arbeitsteilung, den Charakter der Arbeit und die Aneignungsverhältnisse der Menschen im Arbeitsprozeß wirken die Arbeitsmittel bestimmend auf alle wesentlichen Beziehungen der Menschen im Produktionsprozeß ein und bilden so die materiell-technische Äußerung der Produktionsverhältnisse.

An dieser Funktion der Arbeitsmittel ließ Marx keinen Zweifel offen: "Nicht was gemacht wird, sondern wie, mit welchen Arbeitsmitteln gemacht wird, unterscheidet die ökonomischen Epochen. Die Arbeitsmittel sind nicht nur Gradmesser der Entwicklung der menschlichen Arbeitskraft, sondern auch Anzeiger der gesellschaftlichen Verhältnisse, worin gearbeitet wird."[46] "... sie werden sehr wichtig, wo es sich darum handelt, den Zusammenhang menschlicher Gesellschaftsverhältnisse mit der Entwicklung dieser materiellen Produktionsweisen nachzuweisen."[47]

In der ökonomischen Literatur werden die unmittelbar mit den Arbeitsmitteln verbundenen Beziehungen der Menschen oft als bloße "technische Verhältnisse", lediglich auf Produktionstechnologie und Arbeitsorganisation zurückzuführende Beziehungen abgetan, die nicht zu den Produktionsverhältnissen und demzufolge nicht zum Gegenstand der politischen Ökonomie gehören.[48] Unbestritten bleibt aber, daß diese Beziehungen wesentlich sind für den Charakter der Arbeit, die Arbeitsteilung und andere Faktoren, die die Produktionsverhältnisse bestimmen. Gerade deswegen dürfen sie, wie die vorangegangenen Ausführungen deutlich zeigen, nicht aus dem Gegenstand der politischen Ökonomie und erst recht nicht aus dem der politischen Ökonomie der kommunistischen Produktionsweise ausgeklammert werden.

In seinem Brief an W. Borgius hat Engels unmißverständlich auf die untrennbare Verbindung der Technik mit der Ökonomie hingewiesen, indem er feststellte, daß in den ökonomischen Verhältnissen, die die bestimmende Basis der Geschichte der Gesellschaft bilden, auch die gesamte Technik der Produktion und des Transports einbegriffen ist. "Diese Technik bestimmt ... auch die Art und Weise des Austausches, weiterhin der Verteilung der Produkte und damit ... die Einteilung der Klassen, damit die Herrschafts- und Knechtschaftsverhältnisse, damit Staat, Politik, Recht etc."[49]

Offensichtlich ist aber mit diesen Feststellungen nicht gesagt, daß die technischen Mittel selbst eine ökonomische Kategorie bilden, denn hierzu hat Marx genauso eindeutig erklärt, daß es "wahrhaft absurd" sei, die Maschinen "neben der Arbeitsteilung, der Konkurrenz, dem Kredit etc..." zu einer solchen Kategorie zu machen. "Die Maschine ist ebensowenig eine ökonomische Kategorie wie der Ochse, der den Pflug zieht. Die gegenwärtige Anwendung der Maschinen gehört zu den Verhältnissen unseres gegenwärtigen Wirtschaftssystems, doch die Art, wie die Maschinen ausgenutzt werden, ist etwas völlig anderes als die Maschinen selbst."[50]

Der durch die Anwendung von Maschinen bedingte Charakter der Arbeit[51] und die damit gegebenen kooperativen und hierarchischen Beziehungen des gesellschaftlichen Gesamtarbeiters bilden im Grunde die Keimzellen des wechselseitigen Aufeinanderbeziehens der unterschiedlichen Fähigkeiten und Wesenskräfte der Menschen bei ihrem gesellschaftlichen Stoffwechsel mit der Natur. In dialektischer Einheit mit dem Eigentum an den Produktionsmitteln erwachsen daraus schließlich alle wesentlichen Aneignungs-, Verteilungs- und Austauschverhältnisse, die insgesamt die Produktionsverhältnisse ausmachen.

2.4. Arbeitsmittel und materiell-technische Basis

Es wäre einseitig und würde eine besondere Kategorie materiell-technische Basis überflüssig machen, wollte man diese als eine mit den Arbeitsmitteln identische Erscheinung betrachten. Man muß vielmehr folgende wesentliche Unterschiede beachten:

Die Arbeitsmittel können ihren Einfluß auf die gesellschaftliche Entwicklung nicht einzeln ausüben, sondern nur integriert in spezifische technische Systeme, die ganz bestimmte, vom Zweck und von den Bedingungen des konkreten Arbeitsprozesses abhängige Technologien realisieren. Das für ihren Einfluß auf die Produktionsverhältnisse bestimmende Merkmal besteht darin, daß es sich gegenwärtig dabei um Mensch-Maschine-Systeme handelt. Wie die Darstellung der Beziehungen zwischen der materiell-technischen Basis und dem Charakter der Arbeit gezeigt hat, ist die Art der Technik, die dem jeweiligen Stand der Produktivkräfte entspricht, und ihre Realisierung in einem System von Arbeitsmitteln dafür maßgebend, welche Rolle der Mensch im technologischen Prozeß zu spielen hat. Jeder materiell-technischen Basis ist daher eine besondere, nur für sie typische Kombination der Arbeitsmittel mit der menschlichen Arbeitskraft eigen.

Darüber hinaus zeichnet sie sich durch eine wiederum nur ihr eigene Kombination der Arbeitsmittel selbst aus. In diesen Kombinationen der Arbeitsmittel stehen die sie bestimmenden Arbeitsmaschinen in untrennbarer Verbindung mit den Bewegungs- bzw. Energiemaschinen, ihren Transmissionsmechanismen und Übertragungsnetzen ebenso wie mit den Kommunikations-, Transport-, Lager- und Umschlagseinrichtungen und anderen technischen Mitteln, die durch ihr Zusammenwirken das Funktionieren des maschinell-technischen Organismus im Produktionsprozeß erst gewährleisten.

Eine besondere, immer wichtiger werdende Kombination ist außerdem die zwischen technischen und natürlichen Arbeitsmitteln, bei der der Mensch Teile des technologischen Prozesses den Naturpotentialen seiner Umwelt überläßt, die er nur in bestimmter Weise lenkt und stabilisiert. Sie spielen vor allem in der Stoff- und Energiegewinnung eine zunehmende Rolle. Die durch Erzeugniskomplexe, Erzeugnisse, Teilerzeugnisse oder Produktionsstufen festgelegten Systeme von Arbeitsmitteln sind dann auch, da sie gleichzeitig Kombinationen von subjektiven und objektiven Faktoren des Arbeitsprozesses bilden, die Grundlage der Vergesellschaftung der Arbeit. Die Kombinationen der Arbeitsmittel bestimmen weitgehend, in welchen organisatorischen Einheiten die Menschen produzieren, um komplizierte, aus vielen Einzelteilen und Bausteinen bestehende Endprodukte herzustellen. Das erstreckt sich, angefangen bei Brigaden, Werkstätten, Fließreihen innerhalb des Betriebes, über Kombinate, Kooperationsgemeinschaften, Produktionsvereinigungen als zwischenbetriebliche Verbände bis zu internationalen Zusammenschlüssen, wie sie heute mit der sozialistischen Wirtschaftsintegration in immer vielfältigeren Formen entstehen. In diesem Zusammenhang bilden die Kombinationen der Arbeitsmittel die Grundlagen für die Prozesse der Spezialisierung, der vertikalen und horizontalen Kombinierung, der Kooperation sowie der Konzentration im arbeitsteiligen System der gesellschaftlichen Produktion.

Nur in solchen gesellschaftlichen Kombinationen untereinander und damit zugleich in Verbindung mit den Menschen als den subjektiven Faktoren der Produktivkräfte können die Arbeitsmittel jene sozialökonomische Eigenschaft erwerben, die sie im einzelnen nicht besitzen und die ihr den Basischarakter für eine bestimmte gesellschaftliche Produktionsweise geben.

Der Zusammenhang von Produktivkräften und Produktionsverhältnissen, wie er in der jeweiligen materiell-technischen Basis der Gesellschaft in Erscheinung tritt, kann natürlich nur innerhalb und vermittels der verschiedenen Formen der Vergesellschaftung der Arbeit hergestellt werden. Diese beruhen aber technisch auf einem ganz bestimmten System von Arbeitsmitteln, und eben wegen dieser Funktion, ein Bestimmungsmoment der Teilung und Vergesellschaftung der Arbeit zu sein und damit auch die Produktionsverhältnisse zu begründen, unterscheiden sich die Arbeitsmittel in ihrer Funktion als Elemente der materiell-technischen Basis von ihrer Funktion als Elemente der Produktivkräfte. Der Begriffsinhalt der Produktivkräfte ist, so gesehen, weiter und allgemeiner als der der materiell-technischen Basis. Letztere umfaßt als spezifische Kategorie einer Produktionsweise eben nur diejenigen materiell-technischen Elemente der Produktivkräfte, die die typische Äußerung für die Produktionsverhältnisse der betreffenden Produktionsweise bilden.

Die ökonomischen und sozialen Wirkungen der Arbeitsmittel werden im wesentlichen über die Produktionsverhältnisse vermittelt, sie sich mit der gesellschaftlichen Anwendung der betreffenden Arbeitsmittel in Verbindung mit dem Eigentum an den Produktionsmitteln herausbilden. Die so bestimmten Produktionsverhältnisse wirken ihrerseits auf die Entwicklung der materiell-technischen Bedingungen zurück und üben, indem sie den Ausbau der materiell-technischen Basis in einer bestimmten Richtung und Größenordnung zwingend notwendig machen, selbst wieder einen maßgeblichen Einfluß auf die Entwicklung der materiell-technischen Basis aus.

Je besser die Entwicklung der materiell-technischen Bedingungen auf die Produktionsverhältnisse einer neuen Produktionsweise zugeschnitten ist, um so wirksamer wird die Herausbildung der spezifischen ökonomischen Gesetzmäßigkeiten dieser Produktionsweise unterstützt, um so stärker wird auch die Rückwirkung der Produktionsverhältnisse auf eine effektive Entwicklung der materiell-technischen Basis sein.

Da die materiell-technische Basis sich als eine durch die Arbeitsteilung bedingte Vergesellschaftungsform der materiellen Technik, als deren gesellschaftliche Organisationsform erweist, reagiert sie sowohl, soweit es die herrschenden Produktionsverhältnisse zulassen, auf alle Impulse der Produktivkraftentwicklung als auch auf die Erfordernisse der sozialökonomischen Entwicklung. Wegen dieser besonderen Funktion kann sie für die gesellschaftliche Entwicklung die technische Basis sein und so zum entscheidenden gegenständlichen Bindeglied zwischen den Produktivkräften und den Produktionsverhältnissen werden.

Damit ergibt sich die Frage, welche Stellung die sie bildenden Elemente unter der Gesamtheit der für die Produktion notwendigen gegenständlichen Bedingungen und Faktoren einnehmen. Kann die materiell-technische Basis überhaupt als eine "Gesamtheit" gegenständlicher Bedingungen bzw. technischer Mittel und Strukturen definiert werden, wie es in vielen Abhandlungen geschieht?

Im "Ökonomischen Lexikon" wird die materiell-technische Basis als "Gesamtheit der objektiven Produktionsbedingungen, die die Existenz- und Entwicklungsgrundlage einer Gesellschaftsformation bilden"[52], bezeichnet. In anderen Beiträgen wird sie noch enger aufgefaßt. Notkin schränkt sie beispielsweise auf die "Gesamtheit der Arbeitsmittel"[53] ein.

Es ist natürlich unbestritten, daß die physische und geistige Existenz der Gesellschaft auf einer Vielzahl materieller (sotfflich-energetischer) und technischer Elemente basiert, die nur in ihrer Gesamtheit den gesellschaftlichen Reproduktionsprozeß aufrechterhalten können. Die Gesamtheit - als Summe oder Aggregat verstanden - ist ohne Zweifel ein objektiv notwendiges Moment für die Bestimmung der materiell-technischen Basis. Ganz im Sinne dieser gesamtheitlichen Auffassung gehen einige Ökonomen vor, wenn sie zur materiell-technischen Basis, von den zugänglichen Naturressourcen angefangen, über die Arbeitsgegenstände und -mittel bis zu den Einrichtungen für die Reproduktion der Arbeitskraft, alle gegenständlichen Bedingungen zählen, ohne deren Totalität kein Reproduktionsprozeß stattfinden kann.

Wirtschaftspolitisch ist die Vollständigkeit gegenständlicher Existenzbedingungen sogar von elementarer Bedeutung, denn ihre Beachtung bei der Gestaltung der volkswirtschaftlichen Entwicklungsproportionen garantiert allein, daß keine für den gesellschaftlichen Gesamtprozeß der entwickelten sozialistischen Gesellschaft notwendigen Glieder materiell-technischer Art unberücksichtigt bleiben und daß die Mittel zum Ausbau der materiell-technischen Basis dementsprechend verteilt werden.

Die Auffassung von der materiell-technischen Basis als eine Gesamtheit gegenständlicher Bedingungen resultiert offenbar daraus, daß eine Vielzahl heterogener Objekte mit unterschiedlichen Funktionen nicht anders als zu einer Gesamtheit zusammengefaßt werden kann, sofern keine allen gemeinsame Eigenschaft vorhanden ist. In bezug auf ihre natural-gebrauchswertmäßigen Funktionen haben diese heterogenen Objekte auch außer der Existenzsicherung nichts, was ihnen allen gemeinsam wäre. Geht man von den Funktionen einer rein naturalen Existenzsicherung aus, kann man sie deshalb auch nur als eine Gesamtheit begreifen, womit über ihre sozialökonomische Basisfunktion natürlich nichts ausgesagt wird.

Die politökonomische Problematik besteht aber nicht darin, die materiell-technische Basis in ihrer natural-gebrauchswertmäßigen Funktion, sondern in ihrer sozialökonomischen Basisfunktion für eine bestimmte Gesellschaftsformation zu erfassen, was über die naturale Existenzsicherung hinausgeht und weit spezifischer ist als sie. Das zielt allerdings darauf ab, aus der Vielzahl der in naturaler Hinsicht unterschiedlichen Merkmale und Funktionen diejenigen herauszukristallisieren, die in ihrem Zusammenwirken eben diese besonderen sozialökonomischen Funktionen ausüben. Man muß also die Momente bestimmen, die den inneren Zusammenhang der materiell-technischen Elemente herstellen, und diese aus einer rein quantitativen in eine systemhafte Gesamtheit, eine Ganzheit[54], verwandeln.

Während die in der Gesamtheit zusammengefaßten Objekte nicht in einem inneren Zusammenhang miteinander stehen und kein bestimmtes System bilden müssen, kommt in der Ganzheit gerade die qualitative Bestimmung zum Ausdruck, die sich aus dem Zusammenwirken, aus den Systemzusammenhängen seiner Teile ergibt und die sich vom Verhalten dieser Teile im einzelnen unterscheidet. Nur aus der ganzheitlichen Betrachtung der materiell-technischen Basis lassen sich die wesensbestimmenden Eigenschaften und Systemzusammenhänge ihrer heterogenen Teile erklären, die die besondere Qualität ihrer gesellschaftlichen Funktion in der jeweiligen Produktionsweise bzw. Gesellschaftsformation begründen.

Die materiell-technische Basis wäre demnach nicht nur als bloße Gesamtheit, sondern als qualitativ bestimmte systemhafte Ganzheit zu definieren, und zwar als das spezifische gesellschaftliche System materiell-technischer Mittel und Strukturen, das den Produktionsverhältnissen einer bestimmten Produktionsweise bzw. Gesellschaftsformation adäquat und entscheidend für deren Entwicklung ist. Die gesellschaftlichen Kombinationen der für die Produktionsweise typischen Arbeitsmittel bilden den Kern dieses Systems. Politökonomisch ist diese Ganzheit von materiell-technischen Bedingungen (im weiteren Sinne) und von gesellschaftlichen Kombinationen typischer Arbeitsmittel (im Kern) demzufolge als eine Vergegenständlichung, Versachlichung oder Verdinglichung der für die Produktionsweise charakteristischen Produktionsverhältnisse zu betrachten.

Als Kategorie, die den spezifischen wechselseitigen Zusammenhang zwischen den Produktivkräften und Produktionsverhältnissen in einer gesellschaftlichen Produktionsweise widerspiegelt, ist die materiell-technische Basis eine historische Kategorie. Sie wird wesentlich vom historischen Entwicklungsstand der Produktivkräfte geprägt. Dabei besitzen die unterschiedlichen historischen Entwicklungsstufen der Produktivkräfte, die die materiell-technische Basis einer Produktionsweise kennzeichnen, auch ein Moment der Kontinuität, denn die materiell-technischen Basen aufeinanderfolgender Gesellschaftsformationen lösen sich nicht derart ab, daß eine die andere abschafft; die nächstfolgende hebt vielmehr die Elemente der vorangegangenen in einem neuen Zusammenhang auf.

Der bestimmende Prozeß für die Entwicklung der materiell-technischen Basis ist vom Standpunkt der Produktivkräfte die Übernahme und Verstärkung von Funktionen menschlicher Organe durch künstliche oder natürliche Automaten bzw. Mechanismen. Die Aufeinanderfolge, in der das geschieht, bildet den Grund für das historische Kontinuum in der Entwicklung der materiell-technischen Basis. Beim Übergang vom Handwerk zur Fabrikindustrie wurde das Werkzeug nicht abgeschafft, sondern mit der Werkzeugmaschine in die neue materiell-technische Basis des Kapitalismus integriert. Das konnte nicht anders sein, weil der Durchbruch durch die vom menschlichen Organismus gezogene Schranke für die Produktivkraftentwicklung darin bestand, die direkten manuell-motorischen Führungsorgane des Werkzeugs auf eine Maschine zu übertragen. Natürlich schloß das die Übertragung des Werkzeugs selbst ein. Es wurde in der neuen materiell-technischen Basis "aufgehoben".

In dieser Hinsicht weist die materiell-technische Basis des Sozialismus gemäß der marxistisch-leninistischen Konzeption vom Sozialismus als der ersten Phase des Kommunismus ihre besonderen Züge auf: Die für die kommunistische Produktionsweise charakteristischen technischen Mittel und Strukturen werden sich erst in der höheren Phase des Kommunismus voll ausbilden. Ihren naturalen Merkmalen nach entsprechen die Arbeitsmittel und anderen materiell-technischen Bedingungen, die die materiell-technische Basis des Sozialismus ausmachen, weitgehend noch der im Kapitalismus angewendeten Technik. Aber die neue gesellschaftliche Anwendung der Technik unter den sozialistischen Eigentumsverhältnissen und den revolutionären Zielen des Sozialismus hat bereits den Charakter der Arbeit in seinen sozialökonomischen Grundlagen prinzipiell verändert.

Auf diese Weise wird die übernommene Technik mit anderen Wachstumsproportionen und -tempi reproduziert, treten neue Organisationsformen in der Anwendung der Technik auf, und es entwickeln sich im nationalen wie im internationalen Maßstab noch mit der herkömmlichen Technik die Ansätze zu neuen Formen der gesellschaftlichen Arbeitsteilung.

Insofern entsteht bereits in der ersten Phase des Kommunismus das spezifische System materiell-technischer Mittel und Strukturen, das in seiner Ganzheit die materiell-technische Basis des Sozialismus charakterisiert und zunehmend deutlicher auch in seinen äußeren Erscheinungsformen die prinzipiellen Unterschiede zur materiell-technischen Basis des Kapitalismus offenbart.

Im Verlaufe der Forschungsarbeiten wird es zweifellos möglich werden, die Bestimmung des Begriffes und der Kriterien der materiell-technischen Basis im allgemeinen sowie für die beiden Phasen des Kommunismus im besonderen weiter zu präzisieren. Dabei geht es in erster Linie nicht darum, einzelne technisch-ökonomische Parameter zu analysieren, sondern darum, die sozialökonomischen Kriterien, nach denen sich die verschiedenen wissenschaftlich-technischen Richtungen in den ganzheitlichen Zusammenhang der materiell-technischen Basis einordnen, nachzuweisen.

2.5. Zur Einbeziehung weiterer materieller und technischer Bedingungen in die materiell-technische Basis

Die Ablösung einer materiell-technischen Basis durch eine neue ist stets mit der historischen Notwendigkeit verbunden, neue Entwicklungsspielräume für die Produktivkräfte zu eröffnen und dazu Schranken für das weitere Wachstum der gesellschaftlichen Produktivkräfte aus dem Wege zu räumen. Das ergibt sich besonders daraus, daß sich in der alten materiell-technischen Basis die überholten Produktionsverhältnisse vergegenständlicht und damit verfestigt haben.

Was dagegen die materiellen und technischen Entwicklungsbedingungen betrifft, handelt es sich vor allem um drei Arten von Spielräumen, die sich auf die Produktivkräfte selbst beziehen:

- die organischen Spielräume, die in der Natur des Menschen selbst begründet sind,
- die Spielräume, die die äußere Natur setzt,
- die Spielräume, die die Vergesellschaftung der Arbeit zuläßt.

Diese Spielräume stehen in einem ursächlichen Zusammenhang zueinander, denn sie sind letztlich auf den jeweiligen Typ der Arbeitsmittel oder besser auf den Stand der Naturbeherrschung und -aneignung sowie der Entfaltung des Menschen, die diese Arbeitsmittel ermöglichen, zurückzuführen. Jeder neue Typ von Arbeitsmitteln, der einer neuen Produktionsweise zugrunde liegt und den Kern ihrer materiell-technischen Basis bildet, muß deshalb auch all die anderen materiell-technischen Bedingungen der Gesellschaft umwälzen, die die neuen Entwicklungsmöglichkeiten der Produktivkräfte beschränken. Es müssen die neuen Bedingungen entwickelt werden, die zur Realisierung des Produktivitätszuwachses der neuen Arbeitsmittel unter den gesellschaftlichen Zielen der neuen Produktionsweise notwendig sind. In diesem Sinne werden, von den Arbeitsmitteln ausgehend, die zu ihrer gesellschaftlichen Anwendung notwendigen weiteren materiellen und technischen Existenzbedingungen der Gesellschaft miterfaßt und in die ganzheitliche Entwicklung der materiell-technischen Basis einbezogen.

Die Arbeitsmittel in ihren technologischen Kombinationen, die den Kern der materiell-technischen Basis ausmachen, können ihre gesellschaftliche Wirksamkeit sowohl in naturaler als auch in ökonomischer Hinsicht nur entfalten, wenn die Erweiterung der drei genannten Entwicklungsspielräume für die Produktivkräfte gewährleistet ist. In einen solchen Zusammenhang gebracht, bilden alle die dafür maßgebenden gegenständlichen Existenzbedingungen der Gesellschaft das systemhafte Ganze und gehören in dieser Ganzheit zur materiell-technischen Basis der Gesellschaftsformation.

Der erste Spielraum betrifft hauptsächlich diejenigen materiellen Mittel und Bedingungen, die - abgesehen von den Arbeitsmitteln - die produktive Entfaltung des Menschen selbst bewirken und seine eigene "erweiterte Reproduktion" gewährleisten. Bei der Klärung der Frage, inwieweit derartige Mittel und Bedingungen zur materiell-technischen Basis gehören, muß davon ausgegangen werden, daß

- erstens die Arbeitsmittel nicht ohne die Arbeitskraft des Arbeiters in Bewegung gesetzt werden können und die Reproduktion der Arbeitsmittel daher untrennbar an die Reproduktion der Arbeitskraft gebunden ist und
- zweitens mit der Entwicklung der Arbeitsmittel einer neuen materiell-technischen Basis vor allem auch die neuen materiellen Bedingungen für die weitere Entfaltung der menschlichen Arbeitskraft geschaffen werden müssen, die die Überwindung der bisher bestehenden "organischen Schranken" des Menschen in der Produktion gewährleisten.

Mit der Ausbreitung der wissenschaftlich-technischen Revolution, bei der sich die Wissenschaft immer mehr zur unmittelbaren Produktivkraft entwickelt, wird es daher zu einer elementaren gesellschaftlichen Notwendigkeit, die durch den Kapitalismus in Gestalt des Gegensatzes von körperlicher und geistiger Arbeit gezogenen Schranken für die Entfaltung der schöpferischen Fähigkeiten im gesellschaftlichen Maßstab zu durchbrechen. Die Entwicklung der Produktivkraft des Menschen, die dann im Prinzip allein noch durch seine wachsende Kreativität vorangetrieben werden kann, wird auch endgültig die Teilung der Arbeit überwinden, die einem Teil der Gesellschaft ein Berufsleben lang die geistig-schöpferischen, einem anderen Teil dagegen die manuell-motorischen Tätigkeiten zuweist. "In dieser Umwandlung (mit dem Heraustreten des Menschen aus dem unmittelbaren technologischen Prozeß - die Verfasser) ist es weder die unmittelbare Arbeit, die der Mensch selbst verrichtet, noch die Zeit, die er arbeitet, sondern die Aneignung seiner eignen allgemeinen Produktivkraft, sein Verständnis der Natur und die Beherrschung derselben durch sein Dasein als Gesellschaftskörper - in einem Wort die Entwicklung des gesellschaftlichen Individuums, die als der große Grundpfeiler der Produktion und des Reichtums erscheint."[55]

Infolgedessen beginnt schon im Sozialismus die Sphäre der Reproduktion des Menschen als Hauptproduktivkraft in einem Umfang und einer Vielfalt zu wachsen, wie es bisher noch nicht dagewesen ist. Sie wird dabei zunehmend den bisherigen, vorwiegend auf die bloße individuelle Bedürfnisbefriedigung eingeengten Rahmen der Konsumtion sprengen, die Konsumtion mit der Produktion zu einer qualitativ neuen Einheit verbinden und in dieser Einheit den Reichtum der Gesellschaft repräsentieren. "In fact aber, wenn die bornierte bürgerliche Form abgestreift wird, was ist der Reichtum anders, als die im universellen Austausch erzeugte Universalität der Bedürfnisse, Fähigkeiten, Genüsse, Produktivkräfte etc. der Individuen? Die volle Entwicklung der menschlichen Herrschaft über die Naturkräfte, die der sogenannten Natur sowohl, wie seiner eignen Natur? Das absolute Herausarbeiten seiner schöpferischen Anlagen, ohne andre Voraussetzung als die vorhergegangne historische Entwicklung, die diese Totalität der

Entwicklung, d.h. der Entwicklung aller menschlichen Kräfte als solcher ... zum Selbstzweck macht? Wo er sich nicht reproduziert in einer Bestimmtheit, sondern seine Totalität produziert?"[56]

Im Gegensatz zum Kapitalismus, der die Entwicklung der Reproduktionsbedingungen des Menschen, die Entfaltung seiner schöpferischen Fähigkeiten dem Profitstreben unterordnet, die Teilung der Arbeit in geistig-schöpferische und manuelle beibehält und heute zunehmend in ein Instrument zur Aufrechterhaltung des Gegensatzes zwischen entwickelten und unterentwickelten Ländern verwandelt, gehört im Sozialismus der Ausbau der materiellen und technischen Bedingungen für eine totale Reproduktion des Menschen zum Hauptfaktor der Produktivkraftentwicklung und damit zu einem entscheidenden Bestandteil der materiell-technischen Basis.

Ein allseitig entwickelter Mensch, wie ihn die sozialistische Revolution anstrebt, wird sich nur durch das Zusammenwirken vieler, gesellschaftlich hochorganisierter und materiell-technisch hervorragend ausgestatteter Bereiche und Einrichtungen herausbilden können. Dafür wird die Gesellschaft einen wachsenden Anteil ihres Produktivitätszuwachses und ihrer Akkumulationskraft einsetzen müssen, den sie aus der zunehmenden Naturbeherrschung und Intensivierung des Reproduktionsprozesses gewinnt.

Das Hervorbringen und das volle Wirksamwerden des geistig-schöpferischen Potentials der Gesellschaft werden so zu einer Hauptfrage der künftigen Ökonomie, die mit der Entwicklung der materiell-technischen Basis verbunden ist. Ebenso wie die Vergrößerung des Anteils schöpferisch genutzter Zeit an der Tageszeit wird auch die Verlängerung der schöpferisch aktiven Lebensperiode im Verhältnis zu der sich noch sukzessiv verlängernden Lebenszeit des Menschen zu einem wichtigen Gradmesser für den Entwicklungsstand der materiell-technischen Basis.

Die Herausbildung der neuen wissenschaftlich begründeten Technik verändert nicht nur die Bedingungen für die Reproduktion des Menschen. Umgekehrt stellen die Menschen selbst wieder neue und strengere Anforderungen an die Entwicklung ihrer unmittelbaren Produktionsbedingungen. Das bezieht sich nicht nur auf den Arbeits- und Gesundheitsschutz im Arbeitsprozeß, auf die beschleunigte Ablösung schwerer, monotoner und formalgeistiger Verrichtungen, sondern insbesondere auch auf den Schutz vor der Immission von Schadstoffen und vor anderen für den Menschen schädlichen Umweltbeeinflussungen durch die Produktion.

Der zweite Spielraum, der mit der Herausbildung einer neuen materiell-technischen Basis prinzipiell erweitert werden muß, betrifft die Nutzung des Naturpotentials. Hierbei handelt es sich um ein weiteres Moment des ganzheitlichen Zusammenhangs der materiell-technischen Basis. Während es bei dem Menschen um die Überwindung seiner organischen Schranken geht, handelt es sich hier um die Überwindung der Schranken, die für die produktive Entfaltung des Menschen durch seine äußere Natur, seine natürliche Umwelt, gesetzt sind. Soweit solche Schranken nicht infolge disproportionaler oder parasitärer Verteilung von Akkumulationsmitteln hervorgerufen werden - letzteres ist typisch für den kapitalistischen Raubbau an den Naturschätzen -, zeigen sie nichts anderes an als Schranken in der gesellschaftlichen Naturbeherrschung, die ihrerseits wieder durch Grenzen in der produktiven Entfaltung des Menschen begründet werden. Dieser untrennbare Zusammenhang zwischen der Entwicklung der organischen und der unorganischen Natur des Menschen, auf den Marx immer wieder hingewiesen hat, muß angesichts der vielfältigen Versuche betont werden, auch dem Sozialismus die für den Kapitalismus typische Isolierung und antagonistische Gegensätzlichkeit von Gesellschaft und natürlicher Umwelt anzulasten. In jeder neuen Produktionsweise ergeben sich mit der Entstehung der für sie charakteristischen materiell-technischen Basis nicht nur qualitative Veränderungen, sondern infolge der höheren Arbeitsproduktivität auch quantitative Erweiterungen in den genutzten Naturgrundlagen. Wenn die kommunistische Gesellschaftsformation über beide Phasen ihre materiell-technische Basis herausbildet, treten in den Beziehungen zur äußeren Natur vor allem folgende bemerkenswerte Veränderungen ein:

Erstens werden immer mehr und größere natürliche Systeme durch Steuerung ihrer Funktionsabläufe entsprechend vorgegebenen Zielen in Arbeitsmittel der Stoff- und Energieproduktion und so in direkte Bestandteile der materiell-technischen Basis verwandelt. Die Skala reicht hier von der Nutzung der Solarenergie und hydroenergetischer Quellen bis zur gesteuerten

Klimaveränderung oder zur Beeinflussung globaler meteorologischer Abläufe. Da hier in der Regel natürliche Automaten gesellschaftlich genutzt werden, deren "Zentralmotor" die Sonne ist, sind diese Arbeitsmittel von Typ und Leistungsfähigkeit her weitgehend identisch mit den künstlich geschaffenen automatischen Systemen und daher mit ihnen auch problemlos zu koppeln, was früher beispielsweise bei der Ausnutzung der Wind- oder Wasserkraft nicht zutraf und der Grund war, weshalb diese Energiequellen nicht in die materiell-technische Basis des Kapitalismus einbezogen werden konnten.

Zweitens wird die Zahl nutzbarer Stoffe und Lebewesen, die Produkte natürlicher Potentiale sind, durch die Fortschritte in Wissenschaft und Technik weiter zunehmen. Die für die Rohstoff- und Energiegewinnung zugänglichen Räume und Horizonte werden sich immer mehr ausdehnen. Mit dem Ausbau der materiell-technischen Basis wird die Gesellschaft in die Lage versetzt, Rohstoff- und Energiequellen nutzbar zu machen, die ausreichen, um den mit der gestiegenen Arbeitsproduktivität gewachsenen Bedarf zu decken. Damit wird die für den Kapitalismus charakteristische Diskrepanz zwischen Stoff- und Energieentzug aus der Natur und der Regeneration ihrer Quellen allmählich überwunden werden.

Drittens wird der Fortschritt in den wissenschaftlichen Methoden die natürliche Umwelt in bisher nie dagewesenem Grade zur Quelle wissenschaftlicher Erkenntnisse machen. Die neue Qualität besteht in dieser Beziehung darin, daß die menschliche Gesellschaft immer besser lernt, natürliche Wirkprinzipien sowie konstruktive, technologische und genetische Modelle aus der natürlichen Umwelt in die Technik und produktive Anwendung zu übertragen. Insofern wird die Natur selbst in ein Mittel der Naturaneignung und produktiven Entfaltung des Menschen verwandelt und in dieser Funktion auch zu einem Bestandteil der materiell-technischen Basis.

Viertens wird die Entwicklung automatischer Systeme der Stoff- und Energiegewinnung und -umwandlung, ganz gleich, ob es sich um künstlich geschaffene oder um natürliche handelt, immer stärker durch die äußerst komplizierten Gleichgewichtsbedingungen der lokalen, regionalen und globalen natürlichen Umwelt geprägt. Die materiell-technische Basis wird daher zunehmend durch ein ökologisches Moment gekennzeichnet, in das nicht nur die Stabilisierung der landschaftsökologischen, sondern auch der humanökologischen Bedingungen eingeschlossen sind. Mit der Lösung der wissenschaftlichen und verfahrenstechnischen Probleme der produktiven Rezirkulation von Abfallstoffen und -energien wird ein stoff- und energiewirtschaftlich völlig neuer Typ von Technologien entstehen. Im Verein mit neuen, schadlosen Verfahren für die Stabilisierung anthropogen geformter Landschaften und der Lebensbedingungen in der gebauten Umwelt werden sie wesentliche Merkmale der materiell-technischen Basis bilden.

Fünftens wird der weitere Ausbau der materiell-technischen Basis die Beziehungen zur natürlichen Umwelt dadurch verändern, daß die allseitige Entwicklung des Menschen an ihre natürlichen Grundlagen größere und zum Teil völlig veränderte Anforderungen stellt. Insbesondere wird das Kur- und Erholungswesen die humanökologischen Anforderungen an die Umwelt und die Technologie verstärken.

Der dritte Spielraum, der mit dem weiteren Ausbau der materiell-technischen Basis prinzipiell zu erweitern ist, umfaßt diejenigen materiellen und technischen Bedingungen, mit denen speziell die Vergesellschaftung der Arbeit in allen Lebensbereichen der Menschen praktisch vollzogen wird. Das betrifft die verschiedensten Formen der Konzentration, Spezialisierung und Kombination. Hier muß zuerst auf die Vertiefung der territorialen Arbeitsteilung und in Verbindung damit auf die räumliche Ausdehnung der Bezugs- und Absatzbereiche der Produktion (Entwicklung der überregionalen Arbeitsteilung) sowie auf die Wechselbeziehungen zwischen räumlicher Konzentration und innergebietlicher Arbeitsteilung hingewiesen werden, durch die sich die bereits im Kapitalismus entstandenen Agglomerationstendenzen der Produktion fortsetzen und zur weiteren Ausbildung bzw. Neubildung von Ballungsgebieten und Großstädten führen. Besonders gravierend wird hier zweifelsohne noch der fortschreitende Prozeß der sozialistischen internationalen ökonomischen Integration wirken.

Die räumlichen Vergesellschaftungsformen der Produktion werden deshalb zuerst genannt, weil sie das System der Arbeitsmittel direkt beeinflussen. Ihre Entwicklung geht Hand in Hand mit der Herausbildung immer komplizierter werdender Netze, die den Warenumschlag, den Personenverkehr, die Fortleitung und Verteilung von Energie, Wasser und anderen Hilfs- und Betriebsstoffen, die Übertragung von Informationen und Daten und anderes mehr vermitteln. Diese allgemeinen Arbeitsmittel, die hauptsächlich unter dem Begriff der technischen Infrastruktur zusammengefaßt werden, sind notwendig, damit der arbeitsteilige Produktions- und Reproduktionsprozeß überhaupt funktionieren kann, und ihre Leistungsfähigkeit stellt eine wesentliche Quelle für die Effektivität der gesellschaftlichen Arbeit dar. Mit der immer stärkeren Ausprägung der wissenschaftlich-technischen Revolution wird sich ihr effektiver Einfluß noch erheblich vergrößern. Aus diesen Gründen sind diese materiell-technischen Mittel als wichtige Glieder des ganzheitlichen Zusammenhanges selbstverständlich in den Begriff der materiell-technischen Basis einzubeziehen.

In dem Maße, wie sich unter dem Einfluß der neuen materiell-technischen Basis die räumlichen Vergesellschaftungsformen der Produktion weiterentwickeln, verändert sich sowohl die regionale als auch die städtebauliche Organisation von Arbeit, Wohnen, Erholung u.a. Das Zusammenspiel dieser Grundbereiche des materiellen Lebens der Gesellschaft bringt zwangsläufig einen neuen Typ der Flächennutzung und -bebauung mit sich, der durch die Mehrzweck-, Mehrfach- und Mehrebenennutzung der Fläche sowie durch eine weitere räumliche Verdichtung der verschiedenen Funktionen des gesellschaftlichen Lebens gekennzeichnet sein wird und selbst wieder spezielle Anforderungen an die Entwicklung der materiell-technischen Basis stellt, insbesondere in bezug auf Bau-, Sanitär-, Sicherheits- und Klimatechnik.

Schließlich muß noch bei dem hier erörterten Problemkreis die Vergesellschaftung weiterer Funktionen der individuellen Hauswirtschaft erwähnt werden. Hierbei handelt es sich im Prinzip um einen parallel zur Übertragung produktiver Funktionen des Menschen auf Arbeitsmittel verlaufenden Prozeß. Da die Verwendung der Nichtarbeitszeit für hauswirtschaftliche Verrichtungen der allseitigen, insbesondere geistig-schöpferischen Entwicklung der Menschen Schranken setzt und immer uneffektiver für die Gesellschaft wird, entsteht auch hier die gesellschaftliche Notwendigkeit, diese Funktion dafür geeigneten Arbeitsmitteln zu übertragen, die im Rahmen der Produktion oder der Dienstleistungen auf gesellschaftlicher Stufenleiter betrieben werden können. Hieraus ergeben sich ebenfalls Impulse und Erfordernisse, die bei der weiteren Gestaltung der materiell-technischen Basis in der entwickelten sozialistischen Gesellschaft nicht außer acht gelassen werden dürfen.

2.6. Zu den Entwicklungstendenzen der materiell-technischen Basis und zur Rolle der Wissenschaft als unmittelbarer Produktivkraft

Die theoretischen Untersuchungen zur Gestaltung der materiell-technischen Basis verlangen von vornherein sehr weitreichende Fragestellungen sowohl in bezug auf ihre gesellschaftlichen Ausstrahlungen als auch in bezug auf den historischen Entwicklungsprozeß. "Mit der Entwicklung der materiell-technischen Basis werden wesentliche Voraussetzungen gesichert, um die Hauptaufgabe weiterzuverwirklichen - bis zum Jahre 1980 und, das ist von vornherein zu betonen, weit darüber hinaus", erklärte Honecker auf der 5. Tagung des Zentralkomitees der SED.[57]

Unter den Bedingungen der entwickelten sozialistischen Gesellschaft, in der grundlegende Voraussetzungen für den allmählichen Übergang zum Kommunismus geschaffen werden, müssen sie sich deshalb in immer stärkerem Maße auf die kommunistische Perspektive richten. Das folgt vor allem daraus, daß die materiell-technische Basis, indem sie die materiell-technische Grundlage der gesellschaftlichen Umwälzung bildet und ihren dauerhaften Bestand gewährleistet, ihre reproduktiven Wirkungen über einen längeren historischen Zeitraum ausübt.

Heute basiert das gesellschaftliche Leben auf komplizierten materiell-technischen Systemen der Produktion, Infrastruktur und Konsumtion, die in der Arbeit vieler Generationen herausgebildet worden sind. Der in Generationen akkumulierte gesellschaftliche Reichtum bestimmt in seinen konkreten Formen oft in einem sehr langwährenden Prozeß, wie die Menschen produzieren und leben. Ebenso werden mit dem gegenwärtigen Wohnungsbau, der Anlage des Verkehrsnetzes und anderer langfristiger Investitionsvorhaben heute schon entscheidende Seiten der künftigen Lebensweise der Menschen für die nächsten 50, 60 und mehr Jahre im voraus festgelegt. Noch weiter in die Zukunft reichen die damit verbundenen städtebaulichen Konsequenzen. Auch heute bestimmen vielerorts noch die im Mittelalter entstandenen Städte- und Siedlungsstrukturen nicht nur das gegenwärtige städtische Leben, sie üben weiterhin einen wesentlichen Einfluß auf die Produktionsstandorte, die Anlagen von Verkehrsnetzen und andere Entwicklungsprobleme der Produktions- und Infrastruktur aus.

Gegenüber dem akkumulierten gesellschaftlichen Reichtum verfügt aber jede Generation nur über eine relativ begrenzte Akkumulationskraft. Das macht sich in Zeiten großer gesellschaftlicher Umwälzungen besonders stark bemerkbar, weil dann ja auch die Veränderungs-, Ergänzungs- und Erweiterungsbedürftigkeit der bisher akkumulierten Produktions- und anderen gesellschaftlichen Fonds außerordentlich zunimmt.

Deshalb besteht die große Verantwortung der heutigen Generation darin, so zu investieren, daß sich materiell-technische Bedingungen herausbilden, die den vorausschaubaren zukünftigen Effektivitätsansprüchen der entwickelten sozialistischen Gesellschaft, die allmählich zum Kommunismus übergeht, Rechnung tragen, die in dieser Hinsicht die nachfolgenden Generationen nicht belasten und ihre Entfaltungsmöglichkeiten nicht einengen.

Es muß heute mehr denn je in Betracht gezogen werden, daß sich der "moralische Verschleiß" der Produktions- und Konsumtionsmittel heute nicht nur aus dem beschleunigten wissenschaftlich-technischen Fortschritt ergibt, sondern ebenso aus den veränderten Reproduktionsbedingungen der Menschen, der Natur und des bereits akkumulierten gesellschaftlichen Reichtums. Nur die immer bessere Befriedigung der Bedürfnisse, die sich damit erweitern und qualitativ wie quantitativ wandeln, kann gewährleisten, die notwendigen größeren Entwicklungsspielräume der gesellschaftlichen Produktivkräfte tatsächlich zu erschließen.

Bei der Klärung der möglichen Entwicklungstendenzen der materiell-technischen Basis in der entwickelten sozialistischen Gesellschaft wird von der Prämisse ausgegangen, daß mit zunehmender Automatisierung, d.h. der Übertragung weiterer Funktionen des menschlichen Organismus auf

Automaten, die Maschinerie immer weniger die Verteilung der Arbeit auf die Individuen bestimmt und auf diese Weise die Entwicklung der Produktionsverhältnisse beeinflussen kann. Das gilt in vollem Maße für die "komplex automatisierte Produktion", die sich grundlegend von dem heute noch bestehenden Fabriksystem unterscheiden wird.[58] Das bedeutet nicht, die im Abschnitt 2. 4. umrissenen Abhängigkeiten der Produktionsverhältnisse von den Arbeitsmitteln wieder in Frage zu stellen. Das Problem ist vielmehr, wie sich die Arbeitsmittel entwickeln und ob die klassische Maschinerie selbst in ihrer höchsten Vollendung die materiell-technische Basis der kommunistischen Produktionsweise bilden kann.

Sieht man einmal davon ab, daß Marx der Automatisierung, selbst in ihren entwickelten Formen, eine wichtige Rolle bei der Ausbildung der für den Kapitalismus typischen materiell-technischen Basis beimaß, stellt sich doch die grundsätzliche Frage, ob das Wesen der materiell-technischen Basis des Kommunismus durch einen Prozeß gekennzeichnet sein kann, in dem sich der Mensch im großen und ganzen aus der Produktion herauslöst, ob also ihr Merkmal hauptsächlich darin besteht, was der Mensch nicht mehr tut. Diese Frage ergibt sich, wenn man voraussetzt, daß die kommunistische Gesellschaft den langen historischen Prozeß, der den Menschen aus der unmittelbaren stofflichen Produktion herauslöst, im wesentlichen zum Abschluß bringen wird.

Bedeutet das aber, daß der Mensch mit dem Ausscheiden aus dem technologischen Prozeß aus der Produktion überhaupt ausscheiden wird? So kann man die Äußerung von Marx, daß der Mensch "neben den Produktionsprozeß (tritt), statt sein Hauptagent zu sein",[59] nicht interpretieren, denn dann könnte es überhaupt keine Produktion mehr geben, weil die Haupttätigkeit des Menschen, die Arbeit, entfallen würde. Aus diesem Grunde spricht Marx auch immer von der "unmittelbaren Arbeit", die der Mensch als Hauptagent im "unmittelbare(n) materielle(n) Produktionsprozeß" leistet.[60] Und lediglich in dieser "unmittelbaren" produktiven Tätigkeit scheidet der Mensch sukzessive aus dem Produktionsprozeß aus.

Das ist ihm aber nur möglich, wenn er über ausreichende materielle Machtmittel - künstlich geschaffene oder natürliche - verfügt, die er für sich wirken lassen kann. Diese Machtmittel erlangt die Gesellschaft allein durch ihre wachsende Naturbeherrschung, die sie sich, sofern sie nicht aus der Erfahrung im Arbeitsprozeß selbst resultiert, durch die besondere Art ihrer Tätigkeit - die Wissenschaft - erwerben muß. Die Wissenschaft ist allerdings keine unmittelbare, sondern eine mittelbare oder allgemeine Arbeit für den Menschen im gesellschaftlichen Produktionsprozeß.

Auf welchem Wege die Naturbeherrschung auch immer erworben wurde, verwirklicht werden kann sie nur durch das System der Arbeitsmittel, das in der Produktion angewendet wird. Die gesellschaftliche Verfügungsgewalt über Naturkräfte ist zunächst eine durch das menschliche Gehirn geschaffene Potenz. Erst wenn sie die Gestalt von Arbeitsmitteln annimmt, wird sie zur unmittelbaren Produktivkraft.

Der Entwicklungsstand der Maschinerie bringt die "vergegenständlichte Wissenschaft" zum Ausdruck, zeigt, in welchem Umfang "unmittelbare Arbeit" durch künstliche Organe ersetzt wurde, über welche Naturkräfte der Mensch in der Produktion tatsächlich Verfügungsgewalt besitzt und in welchem Grade damit die Wissenschaft in eine unmittelbare Produktivkraft verwandelt wird.[61]

Hieran wird deutlich, daß von einer bestimmten Stufe an die Entwicklung der materiell-technischen Basis stets durch zwei einander bedingende Prozesse gekennzeichnet ist: einmal durch die sukzessive Herauslösung des Menschen aus der Produktion - das ist ihre Mechanisierung und Automatisierung -, zum anderen durch seine parallel dazu verlaufende Neueingliederung in die Produktion - das ist die "Verwissenschaftlichung" der Produktion, die Umwandlung der Wissenschaft in eine unmittelbare Produktivkraft. Der Mensch kann bestimmte Funktionen im Produktionsprozeß nur aufgeben, wenn er dafür andere übernimmt. In der Regel ist es so, daß er niedere Formen der Arbeit auf Arbeitsmittel überträgt, mit diesen also aus der Produktion ausscheidet und den Produktionsprozeß nunmehr mit höheren Formen der Arbeit vollzieht. Die Herausbildung der materiell-technischen Basis wird daher immer durch die Einheit dieser beiden Prozesse gekennzeichnet.

Inhaltlich handelt es sich darum, zunächst körperliche und formale geistige Verrichtungen durch schöpferische Funktionen zu ersetzen. Deshalb verstärkte sich schon im Verlauf der industriellen Revolution mit der Übertragung manueller Tätigkeiten auf Maschinen auch die Rolle der Naturwissenschaft in der Produktion.

Die Übertragung menschlicher Funktionen auf Maschinen wirft ein grundsätzliches Problem auf: In dem Maße, wie die Mechanisierung in die Automatisierung übergeht, ist jeder Fortschritt der Produktion an die Voraussetzung gebunden, daß die Wissenschaft unmittelbare Produktivkraft und damit direkt in den Produktionsprozeß integriert wird. Vom Entwicklungsprozeß der gesellschaftlichen Produktivkräfte aus betrachtet, leitet die Verwandlung der Wissenschaft in eine unmittelbare Produktivkraft eine neue Stufe ein, denn von allen Möglichkeiten, die Produktivkraft zu steigern, verbleibt nur noch diese.

Automatisierung und Verwandlung der Wissenschaft in eine Produktivkraft treten damit in eine direkte Wechselwirkung. Das führt dazu, daß die Gesellschaft ständig größer werdende Anteile ihres Arbeitsvermögens für die Wissenschaft freisetzen muß. Das betrifft nicht nur den wissenschaftlichen Aufwand für die Automatisierung selbst, sondern für alle damit enger oder weiter verbundenen technischen und natürlichen Faktoren, die sich auf die Produktions- und Infrastruktur sowie auf nahezu alle Lebensbedingungen der Menschen erstrecken, denn die mit der Automatisierung erwachsenden immer mächtigeren Agentien der Produktivkräfte bringen schließlich völlig neue Grundprobleme für die Gesamtheit der Reproduktionsprozesse der Gesellschaft und der Natur mit sich.

Durch die Automatisierung und Verwissenschaftlichung der Produktion müssen sich deshalb die Proportionen verändern, in denen die gesellschaftliche Arbeit zwischen dem stofflichen und dem geistig-wissenschaftlichen Produktionsprozeß geteilt wird. Das Arbeitsvermögen, das in der stofflichen Produktion gebunden ist, nimmt im Verhältnis zu dem für die Entwicklung und die produktive Anwendung der Wissenschaft eingesetzten Arbeitsvermögen tendenziell ab. Die Autoren des Buches "Wissenschaft und Produktion im Sozialismus" bemerken in dieser Hinsicht, daß sich die Überlegenheit des Sozialismus immer mehr auch auf diesem Gebiet erweist: "Ein wachsender Teil der gesellschaftlichen Arbeit wird in wissenschaftliche Arbeit verwandelt, die sozialistische Gemeinschaftsarbeit zwischen den Angehörigen der Intelligenz und den in der unmittelbaren Produktion Tätigen wird weiterentwickelt, der geistig-schöpferischen Arbeit in allen Bereichen werden immer größere Räume erschlossen."[62]

Unabhängig davon. wann sich das jetzt bestehende Verhältnis zwischen beiden Arten der gesellschaftlichen Arbeit umkehren wird, kann festgestellt werden, daß die Entwicklung der Wissenschaft und ihre Anwendung in der Produktion sich zum dominierenden "Arbeitsmittel" herausbildet, mit dem die Gesellschaft ihren Stoffwechsel mit der Natur vollzieht. Die Umwandlung der Wissenschaft in eine unmittelbare Produktivkraft, die die Automatisierung der Produktion notwendig in sich einschließt, stellt deshalb den Hauptprozeß bei der Herausbildung der materiell-technischen Basis des Kommunismus dar.

Während die technische Basis der vorkapitalistischen Periode durch die manuelle Technik mit der Anwendung von Werkzeugen und die des Kapitalismus durch die maschinelle Technik mit der Anwendung großindustriell organisierter Maschinensysteme gekennzeichnet wurde, wird die technische Basis der kommunistischen Gesellschaft durch einen wissenschaftlichen Typ der Technik geprägt sein, der sich mit der wissenschaftlich-technischen Revolution immer stärker herausbildet.

Die durchgängige Anwendung der Wissenschaft in der Produktion, die Gestaltung der technologischen Systeme nach wissenschaftlichen Prinzipien, d. h. die Rückführung aller ihrer Funktionen auf die ihnen zugrunde liegenden elementaren naturwissenschaftlichen und kybernetischen Wirkungszusammenhänge, wird zur Konsequenz haben, den Menschen gänzlich von der unmittelbaren Arbeit zu befreien und damit die letzten Schranken zu beseitigen, die er in manueller und sensueller Hinsicht der weiteren Entwicklung der Produktivkräfte in den Weg legt.

Damit zusammenhängend werden die gesellschaftlichen Erfordernisse, die sich aus der Entwicklung von Wissenschaft und Technik sowie ihrer Anwendung in der Produktion ergeben, immer mehr die Verteilung der gesellschaftlichen Arbeit bestimmen und die Beziehungen der Menschen in der Produktion regeln. Daß dadurch nicht nur der bisherige, von der maschinellen Produktion bestimmte Charakter der Arbeit wesentlich gewandelt und die bisherige Arbeitsteilung, die spezialisierte Arbeiter spezialisierten Maschinen zuordnet, überwunden werden, ist überzeugend.

Eine tiefere und umfassendere politökonomische Erkenntnis der weitreichenden Konsequenzen dieses Wandels für die Entwicklung der Produktionsverhältnisse und für den Wirkungs- und Ausnutzungsmechanismus der ökonomischen Gesetze beim Übergang zur höheren Phase des Kommunismus wird allerdings noch sehr intensive Forschungsarbeiten erfordern. Dazu gehört nicht zuletzt eine gründliche politökonomische Erklärung der neuen produktiven Funktionen für den Menschen, die vor allem geistig-schöpferischer Natur sein werden und die allseitige Beherrschung der "Macht der Agentien" zum Wohle des Menschen beinhalten. Ein wesentliches Moment wird dabei auch die planmäßige Regelung, Überwachung und Kontrolle der automatischen Prozesse sein. Mit den neuen Reproduktionsbedingungen für den Menschen und für das Naturpotential werden letztlich völlig neue Bewertungs- und Austauschprobleme der gesellschaftlichen Gesamtarbeit entstehen, die Marx in den "Grundrissen" bereits sehr deutlich dargelegt hat,[63] die aber bis heute kaum wissenschaftlich untersucht wurden, obwohl ihre Aktualität jetzt nicht mehr zu bestreiten ist.

3. Kriterien des weiteren Ausbaus der materiell-technischen Basis in der entwickelten sozialistischen Gesellschaft im Hinblick auf die Proportionalität und Effektivität des Reproduktionsprozesses

Ihren sozialökonomischen Zielen und Funktionen kann die materiell-technische Basis nur gerecht werden, wenn ihre Gestaltung im Rahmen der planmäßigen proportionalen Entwicklung des volkswirtschaftlichen Reproduktionsprozesses erfolgt, mit der bei einer steigenden Effektivität der gesellschaftlichen Gesamtarbeit die wachsenden Bedürfnisse der Menschen immer besser und vollständiger befriedigt werden können.

Zusammen mit der bisher behandelten sozialökonomischen Charakteristik sind deshalb beim planmäßigen Ausbau der materiell-technischen Basis bestimmte Proportionalitäts- und Effektivitätskriterien zu berücksichtigen, die vor allem in den volkswirtschaftlichen Grundproportionen zum Ausdruck kommen. Dazu gehören die Wachstumsproportionen der Produktionszweige, die schließlich in den Proportionen der beiden großen Abteilungen I und II sowie in denen der materiellen und nichtmateriellen Sphäre der Volkswirtschaft münden, ebenso wie die Proportionen von Ersatzfonds und Nettoprodukt, von Akkumulation und Konsumtion, von individueller und gesellschaftlicher Konsumtion, von produktiver und nichtproduktiver Akkumulation u. a. Diese Proportionen bilden notwendige Größenverhältnisse, die die Stabilität, Kontinuität und Effektivität des volkswirtschaftlichen Reproduktionsprozesses sichern. Durch sie werden die zur Entwicklung der materiell-technischen Basis erforderlichen Voraussetzungen für das Gleichgewicht der ökonomischen Kreisläufe, für die rationelle Verbindung der Reproduktionsphasen sowie für die planmäßig zu regelnden Austauschbeziehungen der Waren- und Geldfonds geschaffen.

Marx betrachtete bekanntlich die Proportionalität als eine Art Naturgesetz, das in allen Produktionsweisen die verschiedenen Erscheinungsformen des Austausches der gesellschaftlichen Arbeit und ihrer Produkte beherrscht, und führte ihr Wesen auf die Tatsache zurück, "daß die den verschiednen Bedürfnismassen entsprechenden Massen von Produkten verschiedne und quantitativ bestimmte Massen der gesellschaftlichen Gesamtarbeit erheischen"[64].

Die Herstellung der volkswirtschaftlichen Proportionen, denen die Entwicklung der materiell-technischen Basis unterworfen ist, muß deshalb auf die wachsenden und sich verändernden Bedürfnisse sowie auf die zu ihrer Befriedigung notwendigen Aufwendungen gerichtet sein, die im Prozeß der erweiterten Reproduktion der sozialistischen Gesellschaft unter den ständigen Wandlungen ihrer Produktions- und Lebensbedingungen entstehen. Die Veränderungen der Bedürfnis- und Aufwandstrukturen sind zu einem maßgebenden Teil im Wachstum der materiell-technischen Basis selbst begründet, das heißt in den hiermit stattfindenden technischen und sozialen Umgestaltungen des Charakters der Arbeit, der Arbeitsteilung, der Entwicklungsspielräume der Produktivkräfte, der Entfaltungsmöglichkeiten der Menschen und anderer Prozesse, auf die in den vorangegangenen Abschnitten hingewiesen wurde.

In der planmäßigen proportionalen Entwicklung der Volkswirtschaft kommen dazu aber auch ihre konkret-historischen Entwicklungsbedingungen zur Geltung, denn die konkreten Formen des schon vorhandenen Nationalreichtums üben zusammen mit den unterschiedlichen natürlichen, sozialen und kulturellen Entwicklungsbedingungen einen stark differenzierenden Einfluß auf die tatsächlichen Größenverhältnisse der Aufwands- und Fondsverwendungsstrukturen für die Bedürfnisbefriedigung im volkswirtschaftlichen Reproduktionsprozeß aus.

Ein gesetzmäßiger qualitativer und quantitativer Wandel der Bedürfnisse erfolgt in diesen Zusammenhängen vor allem durch die wesentlichen Veränderungen in den Reproduktionsbedingungen sowohl für die elementaren Quellen alles gesellschaftlichen Reichtums - den Menschen mit seiner Arbeitskraft und die Natur - als auch für den bisher akkumulierten materiellen Reichtum der Gesellschaft, insbesondere seiner Produktionsgrundfonds. Die neuen Bedürfnisse, die den Veränderungen dieser grundlegenden Reproduktionsbedingungen entspringen, stellen objektiv notwendige Anforderungen an die zu entwickelnden Produktionsstrukturen und müssen daher den Schwerpunkt der gesellschaftlichen Bedürfnisstrategien bilden, auf denen die planmäßige proportionale Entwicklung des volkswirtschaftlichen Reproduktionsprozesses aufbaut.

In dieser Hinsicht bringen die volkswirtschaftlichen Grundproportionen nicht nur die Größenverhältnisse zur Sicherung der Reproduktion zum Ausdruck, sie widerspiegeln zudem noch die Verhältnisse, in denen sich die Grundrichtungen der Bedürfnisbefriedigung entwickeln. So fixieren die volkswirtschaftlichen Grundproportionen auf angenäherte Weise, mit welchen Wachstumstempi und in welchen Relationen zueinander die produktiven und konsumtiven, die materiellen und geistig-kulturellen, die individuellen und kollektiven, die gegenwärtigen und zukünftigen sowie andere grundlegende Bedürfnisse der Gesellschaft im Prozeß der erweiterten Reproduktion befriedigt werden.

Entwicklungsbestimmend für alle diese Prozesse der Bedürfnisbefriedigung ist die Steigerung der Produktivität der gesellschaftlichen Arbeit. Von ihr hängt nach Marx "der wirkliche Reichtum der Gesellschaft" ab,[65] und sie ist deshalb auch heute noch, wie Lenin bemerkte, "in letzter Instanz das Allerwichtigste, das ausschlaggebende für den Sieg der neuen Gesellschaftsordnung".[66] Als entscheidendes Kriterium für die weitere Gestaltung der materiell-technischen Basis in der entwickelten sozialistischen Gesellschaft muß die Arbeitsproduktivitätssteigerung jedoch stets im wechselseitigen Systemzusammenhang mit allen anderen volkswirtschaftlichen Proportionen und Effektivitätsreaktionen betrachtet werden, denn erst in diesem Rahmen verwirklichen sich ihre großen progressiven Effekte für die Bedürfnisbefriedigung.

3.1. Arbeitsproduktivitätssteigerung und wachsende technische Ausstattung der Arbeitskräfte

Mit dem Ausbau der materiell-technischen Basis werden einerseits die Voraussetzungen geschaffen, die Produktivität der gesellschaftlichen Arbeit zu steigern und dadurch den Aufwand für die Bedürfnisbefriedigung zu senken. Andererseits schaffen wiederum die Steigerung der Arbeitsproduktivität und die damit wachsende Akkumulationskraft erst die Akkumulationsmittel als Voraussetzung dafür, daß die materiell-technische Basis überhaupt ausgebaut werden kann. Dieses Wechselverhältnis zwischen Arbeitsproduktivitätssteigerung und dem Ausbau der materiell-technischen Basis bildet die volkswirtschaftliche Kernproblematik in der entwickelten sozialistischen Gesellschaft.

Im Grunde tragen alle wesentlichen Prozesse, mit denen die materiell-technische Basis ihre sozialökonomische Funktion ausbildet, auch dazu bei, die Arbeitsproduktivitätssteigerung als ausschlaggebenden Prozeß für den Sieg der neuen Gesellschaftsordnung zu fördern. Das betrifft den Ersatz bzw. die Verstärkung menschlicher Tätigkeiten durch technische Mittel, die Umwälzung der alten Arbeitsteilung, die zunehmend produktive Rolle der Wissenschaft ebenso wie die Entwicklung der technischen und sozialen Infrastruktur, durch die im ganzheitlichen Zusammenhang der materiell-technischen Basis die neuen Entwicklungsmöglichkeiten der gesellschaftlichen Produktivkräfte erschlossen werden.

Berücksichtigt man die konkreten Entwicklungsbedingungen der Volkswirtschaft der DDR, ist dazu noch besonders auf die folgenden Gesichtspunkte hinzuweisen:

1. Infolge der vollen Ausschöpfung und relativ geringen Erweiterungsfähigkeit des gesellschaftlichen Arbeitsvermögens sind die wachsenden Bedürfnisse der entwickelten sozialistischen Gesellschaft in dem Maße zu befriedigen, wie gesellschaftliches Arbeitsvermögen freigesetzt werden kann. Diese Problematik wird noch verschärft, weil sich die Bedürfnisbefriedigung zunehmend auf die nichtmateriellen Bereiche verlagert, deren Leistungen wesentlich arbeitsintensiver als die der materiellen Produktion sind.

2. Der Ausbau der dem reifen Sozialismus gemäßen materiell-technischen Basis erfordert, daß in einer relativ kurzen Entwicklungsperiode außerordentlich große Mittel investiert werden müssen. Das bedingt eine entsprechend hohe gesellschaftliche Akkumulation sowohl in der Produktionssphäre, darunter vor allem für die Energiebasis und technische Infrastruktur, als auch in den nichtproduzierenden Bereichen. Die notwendige Akkumulationsmasse kann nur durch ein hohes und wachsendes Mehrprodukt aufgebracht werden, das unter den Bedingungen eines ebenfalls wachsenden notwendigen Produkts allein durch die Steigerung der gesellschaftlichen Arbeitsproduktivität möglich wird. Da in der weiteren Bedürfnisbefriedigung die Rolle der fondsintensiven Bereiche wächst, nimmt auch dieser Aspekt der Steigerung der gesellschaftlichen Arbeitsproduktivität an Bedeutung zu.

3. Ein zusätzlicher Zwang zur Steigerung der Arbeitsproduktivität als Voraussetzung größerer Akkumulationskraft resultiert aus der Notwendigkeit, im Zuge des beschleunigten wissenschaftlich-technischen Fortschritts veraltete Technik verstärkt abzulösen und zu neuen wissenschaftlich-technischen Lösungen überzugehen.

Aus der in Tabelle 2 gegebenen Übersicht ist zu erkennen, daß in den sechziger und siebziger Jahren alle RGW-Länder mit Zuwachsraten der industriellen Arbeitsproduktivität von 5 bis 7 % im Jahresdurchschnitt ein sehr hohes Wachstumstempo der Arbeitsproduktivität aufweisen und so mit dem Ausbau der materiell-technischen Basis des Sozialismus auch erfolgreich diesen ausschlaggebenden Prozeß für die neue Gesellschaftsordnung verwirklichen konnten.

Solche hohen und stabilen Steigerungsraten der Arbeitsproduktivität der Industrie in den sozialistischen Ländern werden nun schon jahrzehntelang erreicht. Die industriell früher weniger entwickelten Länder Bulgarien und Rumänien, die mit der sozialistischen Industrialisierung vor allem die produktivere Schwerindustrie beschleunigt aufbauten, erzielten dabei in den vergangenen 15 Jahren die höchsten Steigerungsraten der Arbeitsproduktivität. Selbst während der stürmischsten Wachstumsetappe der Industrieproduktion in den kapitalistischen Ländern wurden früher län-

Tabelle 2

Arbeitsproduktivitätssteigerung der staatlichen und genossenschaftlichen Industrie in den RGW-Ländern

Länder	Index 1975 (1960 = 100)	durchschnittliche jährliche Zuwachsrate	prozentualer Anteil der Arbeitsproduktivität am Wachstum der industriellen Bruttoproduktion[1]
Bulgarien	267	6,8	59
ČSSR	206	4,9	84
DDR	224	5,5	90
Mongolische Volksrepublik	228	5,6	57
Polen	238	6,0	63
Rumänien	278	7,1	45
UdSSR	223	5,5	69
Ungarn	205	4,9	76

1 Index der Arbeitsproduktivität zu Index der industriellen Bruttoproduktion.

Quelle: Berechnungen nach den Indizes des Statističeskij ežegodnik Stran-členov Soveta ėkonomičeskoj vzaimopomošči, Moskva 1976, S. 59 und 132.

gerfristig im Jahresdurchschnitt kaum mehr als 3 bis 4 % Arbeitsproduktivitätssteigerung erreicht.[67]

In dem Maße, wie sich in den sozialistischen Ländern mit der zunehmenden Industrialisierung die volle Nutzung des gesellschaftlichen Arbeitsvermögens durchsetzt und immer weniger zusätzliche Arbeitskräfteressourcen für die Industrie zur Verfügung stehen, muß das Produktionswachstum durch die Arbeitsproduktivitätssteigerung erbracht werden. Die Bedingungen dafür sind am weitesten in der DDR herangereift, die 90 % des industriellen Produktionswachstums von 1960 bis 1975 durch die Arbeitsproduktivitätssteigerung gewährleisten. In den Anteilen der Arbeitsproduktivitätssteigerung am Produktionswachstum kommt zum Ausdruck, wie weit in bezug auf die Nutzung des gesellschaftlichen Arbeitsvermögens der Übergang zur intensiv erweiterten Reproduktion in der Industrie fortgeschritten ist.

Hohe Steigerungsraten der Arbeitsproduktivität sind heute auch für die Landwirtschaft charakteristisch. Sie ergeben sich mit der zunehmenden genossenschaftlichen Großproduktion, der verstärkten Mechanisierung sowie Anwendung der Wissenschaft und sind mit grundlegenden Veränderungen des Charakters der Arbeit in der landwirtschaftlichen Produktion verbunden, die maßgeblich zur Überwindung der noch bestehenden Widersprüche zwischen Stadt und Land beitragen. Durch die hohe Arbeitsproduktivitätssteigerung konnte die Landwirtschaft in den letzten Jahrzehnten auch die bedeutendste volkswirtschaftliche Freisetzungsquelle der Arbeitskräfteressourcen bilden. Tabelle 3 gibt einen Überblick über diese Entwicklung in der DDR.

Tabelle 3

Entwicklung der Bruttoproduktion, der Arbeitskräfte und der Arbeitsproduktivität[1] in der Landwirtschaft der DDR

Zeiträume	Wachstum der Bruttoproduktion[2]			Zahl der Arbeitskräfte		Arbeitsproduktivitätssteigerung[2]
	insgesamt	pflanzlich	tierisch	insgesamt in 1000 Personen	Veränderung	
1955				1721		
bis	115	115	114		-417	151
1960				1304		
bis	104	95	114		-125	115
1965				1179		
bis	108	103	112		-182	127
1970				997		
bis	115	102	125		-102	128
1975				895		

1 Arbeitsproduktivität errechnet aus Bruttoproduktions- und Arbeitskräfteentwicklung.

2 Index im jeweiligen Jahrfünft, Anfangsjahr = 100.

Quellen: Bruttoproduktionsindex nach dem Statističeskij Ežegodnik Stran-Členov Soveta Ėkonomičeskoj Vzaimopomošči, Moskva 1974, S. 29, und 1976, S. 31; Arbeitskräfte nach dem Statistischen Jahrbuch der DDR 1976, Berlin 1976, S. 16.

Das Produktionswachstum der Landwirtschaft wird allerdings recht stark von den Schwankungen in der pflanzlichen Produktion beeinflußt, die vor allem auf die witterungsbedingten Ernteerträge zurückzuführen sind. Bemerkenswert ist, daß nach Abschluß der Genossenschaftsbildung Anfang der sechziger Jahre mit dem stärkeren Übergang zu industriemäßigen Produktionsmethoden das Tempo der Arbeitsproduktivitätssteigerung wieder beträchtlich erhöht wurde, so daß erneut größere Arbeitskräftefreisetzungen erfolgen konnten.

Das hohe Tempo der Arbeitsproduktivitätssteigerung ist vor allem ein Ergebnis der durch Investitionen beschleunigt wachsenden technischen Ausstattung der Arbeitskräfte mit Produktionsgrundmitteln unter ständig neuer Nutzung von Errungenschaften des wissenschaftlich-technischen Fortschritts, der immer leistungsfähigere Produktionsmittel hervorbringt. In dieser produktivitätssteigernd wirkenden, zunehmenden technischen Ausstattung der Arbeitskräfte kommt eine der wichtigsten Beziehungen der materiell-technischen Basis zum Ausdruck.

Seit 1960 erhöhten sich in der Industrie der DDR die Grundmittelausstattung und die Arbeitsproduktivität fast gleichlaufend. Das zeigt sich im durchschnittlichen Grundmittelbestand je Berufstätigen, der 1960 in der Industrie (ohne Wasserwirtschaft) etwa 32 000 Mark betrug und bis 1975 auf etwa 70 000 Mark anwuchs. Mit einer Steigerung der Grundfondsausstattung der Industrie auf 221 % war im gleichen Zeitraum (1960 bis 1975) eine Arbeitsproduktivitätssteigerung auf 231 % verbunden.[68]

Die verschiedenen Industriezweige haben dabei aber, wie aus Tabelle 4 ersichtlich ist, ein sehr stark differenziertes Niveau der Grundfondsausstattung, das hauptsächlich auf die unterschiedlichen technischen Eigenarten und Entwicklungsbedingungen ihrer Produktion zurückzuführen ist. Obwohl in den hier angegebenen statistischen Kennziffern noch eine Reihe anderer Faktoren widergespiegelt werden, ist bei den einzelnen Industriebereichen die Abhängigkeit der Arbeitsproduktivitätssteigerung vom Wachstum der Grundmittelausstattung ebenfalls deutlich zu erkennen. Mit Ausnahme der Energie- und Brennstoffindustrie, deren Arbeitsproduktivität erheblich hinter der besonders schnell steigenden Grundmittelausstattung

Tabelle 4

Durchschnittlicher Grundmittelbestand je Berufstätiger in den Industriebereichen der DDR

Industriebereich	Absolute Werte		Wachstum 1960-1975	Arbeitsproduktivitätssteigerung
	1960	1975		
	in 1000 Mark		in %	
Energie- und Brennstoffindustrie	114	278	245	178
Chemische Industrie	57	136	240	278
Metallurgie	47	104	219	205
Baumaterialienindustrie	36	90	252	251
Maschinen- und Fahrzeugbau	19	40	215	226
Elektrotechnik/Elektronik/Gerätebau	13	31	236	270
Leichtindustrie (ohne Textilindustrie)	15	33	218	235
Textilindustrie	19	44	233	255
Lebensmittelindustrie	37	67	180	172
Industrie insgesamt (ohne Wasserwirtschaft)	32	70	221	231

Quelle: Statistisches Jahrbuch der DDR 1976, Berlin 1976, S. 45 und 127.

zurückbleibt, haben alle Industriebereiche mit einem überdurchschnittlich hohen Wachstum der Grundmittelausstattung eine überdurchschnittlich hohe Arbeitsproduktivitätssteigerung aufzuweisen; umgekehrt steigt bei den Industriebereichen, deren Grundmittelausstattung relativ langsam wächst, auch die Arbeitsproduktivität entsprechend geringer.

Die Grundmittelausstattung in der Energie- und Brennstoffindustrie war 1975 im Durchschnitt etwa sechs- bis neunmal so hoch, wie in den Bereichen der metallverarbeitenden Industrie und Leichtindustrie, 1960 dagegen nur etwa fünf- bis siebenmal. Das weist auf die verstärkten Investitionen in der Energie- und Brennstoffbasis Anfang der siebziger Jahre hin, die teilweise zu Lasten der anderen Industriebereiche durchgeführt werden mußten.

Tabelle 5

Kennziffern des Strukturwandels der materiellen Produktion in der Volkswirtschaft der DDR zwischen 1960 und 1975

Volkswirtschaftsbereiche	Strukturanteile in Prozent 1960	1975	Wachstum 1975 (1960=100)
Industrielle Bruttoproduktion insgesamt	100	100	247
darunter:			
Chemische Industrie	11,6	15,1	315
darunter:			
Plastindustrie			511
Chemiefaserindustrie			555
Maschinen- und Fahrzeugbau	21,9	24,2	266
darunter:			
Chemieausrüstungsbau			386
Baumaschinenbau			449
Bau von luft- und kältetechnischen Ausrüstungen			451
Landmaschinenbau			359
Elektrotechnik/Elektronik/Gerätebau	7,0	11,2	386
darunter:			
Elektronische Industrie			486
Meß-, Steuer- und Regeltechnik			478
Datenverarbeitung und Büromaschinenbau			759
Leichtindustrie (ohne Textilien)	12,5	11,3	219
darunter:			
Möbelindustrie			321
Textilindustrie	8,8	6,6	181
Lebensmittelindustrie	20,8	16,6	192
Bauwesen			
darunter:			
Wohnungsneubau (Anzahl der Wohnungen)	100	100	134
darunter:			
in Montagebauweise	32	80	333
Landwirtschaftliche Bruttoproduktion	100	100	128
davon:			
pflanzliche Produktion	51	39,7	100
tierische Produktion	49	60,3	158

Fortsetzung von Tabelle 5

Volkswirtschaftsbereiche	Strukturanteile in Prozent 1960	1975	Wachstum 1975 (1960=100)
Gütertransportleistung (tkm)			
Verkehrsträger insgesamt (ohne Seeschiffahrt)	100	100	182
davon:			
Eisenbahn	81,9	68,0	151
Kraftverkehr (einschließlich Werkverkehr	12,5	23,0	334
Binnenschiffahrt	5,6	3,1	105
Rohrleitungen	-	5,9	
Traktionsarten			
Eisenbahn insgesamt (nach Brutto-tkm)	100	100	
davon:			
Dampf-Lok	94,4	21,1	
Elektro-Lok	4,9	16,4	
Diesel-Lok	0,7	62,5	

Quellen: Statistisches Jahrbuch der DDR 1976, Berlin 1976, S. 107, 110, 157, 222, 224, Landwirtschaftliche Bruttoproduktion nach dem Statističeskij Ežegodnik Stran-Členov Soveta Ėkonomičeskoj Vzaimopomošči, Moskva 1976, S. 23 und 180

Noch bedeutend stärker als in der Industrie wuchs die Grundfondsausstattung in der Landwirtschaft der DDR. Hier kam 1960 auf einen Beschäftigten erst ein durchschnittlicher Grundmittelbestand von etwa 15 300 Mark, während er 1975 etwa 52 100 Mark betrug und damit das Niveau der verarbeitenden Industrie bereits wesentlich übertraf, das der Grundstoffindustrie jedoch noch nicht erreichte.[69] Das schnelle Wachstum des technischen Potentials der Landwirtschaft der DDR zeigt sich sehr überzeugend darin, daß 1975 das Getreide zu 100 % und die Kartoffeln zu 94,6 % durch Großmaschinen geerntet wurden, während 1960 diese Anteile erst 37,9 % bzw. 24,6 % betrugen.[70]

Die technische Ausstattung und die dadurch ermöglichte Arbeitsproduktivität entwickeln sich heute nach wie vor im wechselseitigen Zusammenhang mit wesentlichen Wandlungen der Zweig-, Erzeugnis- und technologischen Strukturen der Produktion. In Tabelle 5 sind markante Äußerungen dieses Prozesses in der Volkswirtschaft der DDR zwischen 1960 und 1975 wiedergegeben. Zu den auslösenden Faktoren des Strukturwandels gehören neben dem wissenschaftlich-technischen Fortschritt, mit dem sich jetzt immer mehr Entwicklungslinien der wissenschaftlich-technischen Revolution durchsetzen, auch die sich vertiefende sozialistische Wirtschaftsintegration sowie die Veränderungen der Konsumtionsstruktur infolge des ständig steigenden materiellen und kulturellen Lebensniveaus der Bevölkerung. Aufgabe der weiteren Forschung wird es sein, eingehend zu analysieren, wie sich mit diesem Strukturwandel der Charakter der Arbeit, die Arbeitsteilung, die Naturaneignung, die Entfaltung des Menschen sowie die Verteilungsformen des gesellschaftlichen Produkts verändern und sich dadurch allmählich die ökonomischen Grundlagen für die zur höheren Phase des Kommunismus führenden Entwicklungsstufen der sozialistischen Produktionsverhältnisse herausbilden.

3.2. Reproduktionsbedingungen der Hauptproduktivkraft Mensch

In der entwickelten sozialistischen Gesellschaft vollzieht sich der Wandel in den Reproduktionsbedingungen der Menschen in erster Linie auf der Grundlage des sozialistischen Eigentums an den Produktionsmitteln. Im Abschnitt 2.1. wurde schon anhand der Berufstätigenstruktur gezeigt, wie sich während der vergangenen 20 Jahre in der DDR das sozialistische Eigentum zur bestimmenden Eigentumsform entwickelte.

Im Zusammenhang damit traten wesentliche qualitative und quantitative Wandlungen in den Reproduktionsbedingungen der Hauptproduktivkraft Mensch ein, die mit weitreichenden Konsequenzen für die Entwicklung aller zur Ganzheit der materiell-technischen Basis gehörenden gegenständlichen Bedingungen verbunden sind. Folgende Prozesse kennzeichnen diesen bedeutenden Wandel der Reproduktionsbedingungen des Menschen in der DDR:

1. Die Industrialisierung nimmt weiter zu, einerseits infolge der wachsenden Anteile der Industrie hauptsächlich in ehemals agrarischen Bezirken und andererseits durch die zunehmenden industriellen Arbeitsmetho-

den in den anderen Bereichen der Volkswirtschaft, insbesondere in der Landwirtschaft und im Bauwesen. Das greift tief in die Arbeits- und Lebensbedingungen breiter Bevölkerungsschichten ein und trägt wesentlich zur Überwindung der noch bestehenden Widersprüche zwischen Stadt und Land sowie geistiger und körperlicher Arbeit bei. 1955 kamen in der DDR auf 2,5 Mio Beschäftigte der Industrie noch 1,7 Mio Beschäftigte der Landwirtschaft, 1975 waren es etwa 3,0 Mio Beschäftigte gegenüber 0,9 Mio. Während die Relation der Berufstätigen in der Industrie zu den Berufstätigen in der Landwirtschaft im Durchschnitt der DDR von 1,48 (1955) auf 3,39 (1975), also auf das 2,3fache stieg, erhöhte sich diese Relation in den überwiegend agrarischen Bezirken wesentlich schneller, und zwar in

- Neubrandenburg von 0,14 auf 0,64, das heißt auf das 4,6fache,
- Schwerin von 0,26 auf 0,98, das heißt auf das 3,8fache,
- Frankfurt/Oder von 0,47 auf 1,62, das heißt auf das 3,4fache.[71]

2. Der Beschäftigungsgrad der Frauen ist außerordentlich gestiegen. Damit wachsen notwendigerweise die Ansprüche an die Erleichterung der Hausarbeit, die Kinder- und Mütterbetreuung, die Leistungsfähigkeit der Dienstleistungssphäre, die Verbesserung der Wohnbedingungen, an die Gestaltung der Arbeitsplätze, an die Entwicklung der sozialen und medizinischen Einrichtungen in den Betrieben u.a.m.

In der DDR ist der gesamte Zuwachs des gesellschaftlichen Arbeitsvermögens von 1950 bis heute im Grunde allein auf die Zunahme der weiblichen Berufstätigen zurückzuführen. Das beweisen die Angaben in Tabelle 6.

Tabelle 6

Entwicklung der Berufstätigen in der DDR in den Jahren von 1950 bis 1975, in 1000 Personen

Berufstätige	1950	1975	Zuwachs
Berufstätige insgesamt	7 196	7 948	+ 752
darunter: weibliche Berufstätige	2 880	3 946	+ 1066

Quelle: Statistisches Jahrbuch der DDR 1976, Berlin 1976, S. 15.

3. Das Bildungsniveau der Werktätigen ist bedeutend gewachsen und erhöht sich weiter. Der höhere Bildungsgrad sowie die zunehmend qualifizierte und geistig-schöpferische Arbeit erhöhen die Ansprüche an die Entwicklung der kulturellen Bereiche, der Kommunikation und Information und aller anderen gegenständlichen Bedingungen, die mit der Überwindung des Widerspruchs von geistiger und körperlicher Arbeit verbunden sind.

1961 hatten 6 % der Berufstätigen in der sozialistischen Wirtschaft der DDR einen Hoch- oder Fachschulabschluß, 1975 waren es bereits 14 %. Hinzukommen der Übergang zur Zehn-Klassen-Schule, die wachsende Zahl der Facharbeiter sowie die verstärkte Teilnahme an der Weiterbildung. Besonders drastisch veränderte sich der Ausbildungsstand in der sozialistischen Landwirtschaft der DDR: Während 1963 erst 18 % der ständig Berufstätigen eine abgeschlossene Ausbildung (Facharbeiter, Meister, Hoch- oder Fachschulabschluß) besaßen, waren es 1975 schon 79 %.[72]

4. Die körperliche Arbeit vermindert sich, dafür vermehren sich aber die nervenbeanspruchenden und bewegungsärmeren Tätigkeiten mit all ihren Auswirkungen auf die Ernährung, Gesunderhaltung, Freizeitgestaltung, Sport, Erholung u. a. Im Zeitraum von 1965 bis 1972 verringerte sich beispielsweise in der sozialistischen Industrie der DDR

die körperliche Arbeit ohne energiebetriebene Werkzeuge	um 30 %,
die allgemeine Maschinenarbeit	um 9 %,
die körperlich schwere Arbeit an Maschinen	um 8 %.

Dagegen haben zugenommen:

Kontrollfunktionen an Maschinen	um 22 %,
geistige Bedienungstätigkeit an Maschinen	um 20 %,
andere Kontroll- und Überwachungsfunktionen	um 16 %,
körperliche Arbeit mit energiebetriebenen Werkzeugen	um 15 %.[73]

5. Durch die zunehmende Dynamik in der Produktion, die Veränderungen des Charakters der Arbeit und der Arbeitsteilung ebenso wie mit den neuen Freizeitbedürfnissen wachsen die Mobilität und Disponibilität der Menschen. Mit ihnen ergeben sich vor allem neue Anforderungen an das Verkehrs- und Nachrichtenwesen und an die Stadt- und Wohngebietsentwicklung.

Einen allerdings sehr bedingten Aufschluß über die zunehmende Mobilität der Berufstätigen in der DDR geben die beschleunigt wachsenden Leistungen des Berufsverkehrs, die von 1960 bis 1975 für Bahn- und Kraftverkehr zusammen um rund 67 % zunahmen (nach Personenkilometern, ohne städtischen Nahverkehr, dessen Leistungen etwa gleich blieben), während die Anzahl der beförderten Personen bloß um 37 % und die der Berufstätigen sogar nur um etwa 3 % stieg. [74] Diese Zunahme trat ein, obwohl auch der Individualverkehr immer größere Anteile am Berufsverkehr hatte, denn der Pkw-Bestand je 100 Haushalte wuchs im gleichen Zeitraum von 3, 2 auf 26, 2. [75]

Die Befriedigung der vielfältigen neuen Bedürfnisse, die sich aus diesen veränderten Reproduktionsbedingungen des Menschen als Hauptproduktivkraft ergeben, erfordert notwendigerweise entsprechende materiell-technische Voraussetzungen in der Konsumgüterproduktion und vor allem die Entwicklung der Dienstleistungssphäre. Das betrifft die materiellen Dienste, wie Verkehrs- und Nachrichtenwesen, Handel, gesellschaftliche Speisewirtschaft, Wohnungs- und Kommunalwirtschaft, Reinigungs- und Reparaturdienste u. a. ebenso wie die sogenannten nichtmateriellen Leistungen von Gesundheitswesen, Bildungswesen, Sport, Erholung und anderen kulturellen und sozialen Bereichen.

Die veränderten Reproduktionsbedingungen verdeutlichen, daß die materiell-technische Entwicklung dieser Bereiche im Maße der objektiv notwendigen Reproduktionserfordernisse für die Hauptproduktivkraft Mensch erfolgen und die Akkumulationskraft der Volkswirtschaft dementsprechend gesteigert werden muß. Das heißt aber nichts anderes, als daß die Arbeitsproduktivität in der Gegenwart so zu erhöhen ist, daß die dadurch wachsende Akkumulationskraft die Voraussetzungen für die Arbeitsproduktivitätssteigerung in der Zukunft schafft.

In welchem Maße es möglich wird, die notwendigen Umwandlungen der Reproduktionsbedingungen des Menschen durch die materielle Produktion zu gewährleisten, zeigt sich, wenn man untersucht, in welchen Proportionen die gesellschaftliche Arbeit durch die Bedürfnisse gebunden ist.

Heute, unter den entwickelten sozialistischen Bedingungen, begründen diese Proportionen die volkswirtschaftliche Hauptproblematik für den weiteren Ausbau der materiell-technischen Basis in bezug auf die allseitige Entfaltung des Menschen als Hauptproduktivkraft. Je mehr es gelingt, in den volkswirtschaftlichen Proportionen zwischen Bedürfnis-, Produkt- und Arbeitsmassen den sich verändernden Reproduktionsbedingungen der Hauptproduktivkraft Mensch Genüge zu leisten, um so eher werden die grundlegenden sozialökonomischen Ziele der entwickelten sozialistischen Gesellschaft zu erfüllen sein.

Eine Analyse von Grundproportionen der Bedürfniskomplexe anhand der volkswirtschaftlichen Verflechtungsbilanz der DDR vermittelt zu diesen Fragen aufschlußreiche Erkenntnisse. Dadurch werden grundlegende Zusammenhänge von Bedürfnis- und Aufwandsstrukturen im volkswirtschaftlichen Reproduktionsprozeß aufgedeckt. Sie zeigen, wie sich gegenwärtig in der DDR die gesellschaftliche Produktion und Arbeit auf wichtige Bedürfniskomplexe verteilt, und weisen auf Konsequenzen hin, die aus den veränderten Reproduktionsbedingungen des Menschen und den sich damit wandelnden materiellen und kulturellen Bedürfnissen für die planmäßig proportionale Entwicklung des volkswirtschaftlichen Reproduktionsprozesses entstehen.

In Weiterführung der Analysen über Zusammenhänge zwischen Bedürfniskomplexen und Produktionsbereichen auf Grund der volkswirtschaftlichen Verflechtungsbilanz der DDR von 1968 wurde die erheblich erweiterte und verbesserte Verflechtungsbilanz 1972 erneut unter diesen Gesichtspunkten ausgewertet (die Tabellen 7, 8, 10 und 11 bringen erstmals Zahlenangaben hierzu).[76] Tabelle 7 gibt eine Übersicht, wie sich 1972 in der DDR das volkswirtschaftliche Endprodukt und die damit auftretenden vollen Aufwendungen an Gesamterzeugung, Arbeitskräften und Produktionsgrundfonds auf verschiedene Bedürfniskomplexe verteilen, in denen das volkswirtschaftliche Endprodukt verbraucht wird. Was schon aus den Berechnungen für 1968 zu ersehen war, läßt sich ebenfalls aus den für 1972 durchgeführten Berechnungen feststellen:

1. Die Konsumtion beansprucht direkt und indirekt das weitaus größte Volumen der materiellen Produktion und der dabei eingesetzten Arbeitskräfte und Grundfonds. Mit den Investitionen[77] sind dagegen wesentlich geringere Anteile verbunden.

2. Fast die Hälfte des Produktionsvolumens für die Konsumtion wurde auch 1972 noch vom Ernährungskomplex eingenommen, obwohl dieser Anteil ebenso wie der des Bekleidungskomplexes in der Tendenz jetzt allmählich zurückgeht. Rechnet man den heute infolge des Wohnungsbauprogramms allerdings weiterhin relativ stark wachsenden Wohnungskomplex hinzu, dann ergibt sich, daß 1972 in der DDR immerhin etwa drei Viertel aller Produktion für die Konsumtion in die Bedürfniskomplexe Ernährung, Bekleidung und Wohnung einfloß, die überwiegend elementare Lebensbedürfnisse der Menschen befriedigen.

3. Dagegen entfällt zur Zeit in der DDR auf diejenigen Bedürfniskomplexe, die durch die sich wandelnden Reproduktionsbedingungen des Menschen jetzt immer bedeutender für die allseitige Bedürfnisbefriedigung werden (Gesundheitswesen, Bildung, Erholung, Kommunikation, Personentransport u. a.), noch ein auffallend kleines Produktionsvolumen, das 1972 insgesamt nur etwa ein Viertel der Produktion für die Konsumtion ausmachte.

Tabelle 8 bringt diese Proportionen, die für die weitere Gestaltung der materiell-technischen Basis grundlegende Bedeutung haben, noch einmal nur für die Konsumtion allein. Berücksichtigt man, daß der für die DDR nicht unwesentliche Außenhandel in diesen Beziehungssystemen im Prinzip nur Austauschfunktionen ausübt und deshalb an der Gesamtbetrachtung nichts ändert, daß sich die Verteilung der produktiven Investitionen bei allen Unterschieden ihrer zeitlichen Wirksamkeit für die Bedürfnisbefriedigung sehr stark nach den Proportionen der Grundmittel richtet und daß auch das relativ geringe Volumen der nichtproduktiven Investitionen die hier dargestellten Grundproportionen kaum beeinträchtigt, dann können diese Größenverhältnisse der Konsumtionssphäre als annähernd repräsentative Proportionen der gesamten materiellen Reproduktionsaufwendungen der materiellen Sphäre in der Volkswirtschaft der DDR für die genannten Bedürfniskomplexe betrachtet werden.

Tabelle 7

Prozentuale Verteilung von Endprodukt, Gesamterzeugung, Arbeitskräften und Grundfonds der materiellen Produktion der DDR 1972 auf Bedürfniskomplexe

Bedürfniskomplex	Endprodukt[1]	Voller Aufwand für das Endprodukt[2]		
		Gesamterzeugung	Arbeitskräfte	Grundfonds
Ernährung[3]	32,8	32,5	31,0	30,0
Bekleidung[3]	6,6	5,9	6,9	5,3
Wohnung[4]	13,4	12,6	13,9	14,6
Personentransport[5]	5,7	5,4	5,7	8,0
Kommunikation/Information[6]	2,8	2,2	3,0	3,1
Gesundheitswesen/Hygiene	3,3	3,2	2,9	3,6
Bildung/Kultur/Sport/Erholung[7]	2,2	1,9	2,5	2,1
Sonstige Konsumtion	3,1	3,2	3,2	3,8
Konsumtion insgesamt	69,9	67,0	69,1	70,5
Investitionen (einschließlich Umlaufmittel-Bestandserhöhung)	30,1	33,0	30,9	29,5
Konsumtion und Investitionen insgesamt	100	100	100	100

1 Die Zuordnung des Endprodukts zu den Bedürfniskomplexen wurde anhand detaillierter Warenstatistiken und anderer Daten sowie Einschätzungen im ZIW ermittelt.
Die Kennziffern der Bedürfniskomplexe umfassen nur den laufenden Verbrauch von Konsumtionsmitteln (einschl. konsumtionswirksamer materieller Dienste) und die damit verbundenen Produktionsaufwendungen.
Die Investitionen für die produzierenden und nichtproduzierenden Bereiche (hierzu gehören u. a. auch die Investitionen in die Wohnungsfonds) wurden wie ein besonderer Bedürfniskomplex behandelt. Von den Außenhandelsbeziehungen wurde abstrahiert, da sie im Prinzip nur Austauschfunktionen ausüben.

2 Die Kennziffern des vollen Aufwands für das Endprodukt wurden mit Hilfe der vollen Aufwandskoeffizienten aus der Verflechtungsbilanz 1972 (in der Aggregation von 31 Erzeugnis- bzw. Leistungshauptgruppen) berechnet.

Die Gesamterzeugung umfaßt im Unterschied zu allen anderen bekannten Kennziffern der volkswirtschaftlichen Gesamtrechnung (Bruttoprodukt, Warenproduktion u. a.) auch den Eigenverbrauch der Betriebe. Außerdem wurde der Anlagenbau als gesonderte Produktionsstufe erfaßt, was sich jedoch hauptsächlich auf die Vergleichbarkeit der vollen Aufwendungen an Gesamterzeugung für die Investitionen auswirkt.
Der volle Aufwand an Arbeitskräften und Grundfonds wurde auf der Basis des vollen Aufwands an Gesamterzeugung mit Hilfe von Arbeitskräfte- und Grundfondskoeffizienten je Einheit Gesamterzeugung berechnet.

3 Einschließlich der anteiligen Haushaltsgeräte und anderer Hilfsmittel.

4 Enthält u. a. die gesamten Brennstoff- und Energieaufwendungen der Haushalte.

5 Umfaßt neben den gesellschaftlichen Transportleistungen auch die Bereitstellung von Straßenfahrzeugen für die Bevölkerung.

6 Umfaßt neben den Leistungen des gesellschaftlichen Nachrichtenwesens u. a. auch die Bereitstellung von Rundfunk- und Fernsehgeräten, Zeitungen und Zeitschriften.

7 Hier sind auch die laufenden materiellen Aufwendungen für die Wissenschaft enthalten, soweit diese zu den Bereichen der gesellschaftlichen Konsumtion (größtenteils zum Hochschulwesen) gehört.

Tabelle 8

Verteilungsproportionen der materiellen Produktion der DDR 1972 für die Konsumtion nach Bedürfniskomplexen (in % der Konsumtion insgesamt)[1]

Bedürfniskomplex	End-produkt	Voller Aufwand für das End-produkt		
		Gesamt-erzeu-gung	Arbeits-kräfte	Grund-fonds
Ernährung	46, 8	48, 5	44, 8	42, 6
Bekleidung	9, 5	8, 8	10, 1	7, 5
Wohnung	19, 2	18, 9	20, 1	20, 7
Zwischensumme	75, 5	76, 2	75, 0	70, 8
Transport/Kommunikation	12, 1	11, 4	12, 6	15, 7
alle übrigen Bedürfniskomplexe[2]	12, 4	12, 4	12, 4	13, 5
Konsumtion insgesamt	100	100	100	100

1 Vergleiche auch die Anmerkungen zu Tabelle 7.

2 Dazu gehören die Bedürfniskomplexe: Gesundheitswesen/Hygiene, Bildung/Kultur/Erholung/Sport, sonstige Konsumtion.

Die anteilig sehr hohen Reproduktionsaufwendungen für die Komplexe, die überwiegend elementare Lebensbedürfnisse umfassen und bei denen der Ernährungskomplex mit Abstand das größte Gewicht hat, kennzeichnen einerseits das größtenteils tatsächlich schon erreichte hohe materielle Lebensniveau auf diesen Gebieten. Andererseits zeigen sie aber an, daß gegenwärtig und in nächster Zukunft für die elementaren Bedürfnisse weiterhin ein recht hoher Anteil des Produktionspotentials der DDR gebunden ist. Dieser hohe Anteil steht in wechselseitiger Abhängigkeit zu den anderen Bedürfniskomplexen und setzt dadurch auch Schranken für deren Entwicklung.

Die wesentlich geringeren materiellen Reproduktionsaufwendungen für die anderen Bedürfniskomplexe müssen ebenso unter zwei Gesichtspunkten betrachtet werden: Einmal weisen sie darauf hin, daß unter den gegenwärtigen Entwicklungsbedingungen diejenigen Komplexe, die die nicht elementaren höheren Entfaltungsgebiete der Menschen betreffen und größtenteils jetzt an Bedeutung gewinnen, objektiv tatsächlich ein wesentlich geringeres Volumen an materieller Produktion beanspruchen. Zum anderen ist dabei allerdings zu berücksichtigen, daß in den relativ niedrigen Produktionsanteilen dieser Bedürfniskomplexe mehr oder weniger auch einschränkende Wirkungen in der Bedürfnisbefriedigung zum Ausdruck kommen, die als Folge der hohen Beanspruchung des volkswirtschaftlichen Produktionspotentials durch die Komplexe der elementaren Lebensbedürfnisse auftreten, denn in der praktischen Planung und Leitung erfahren die letzteren verständlicherweise eine gewisse Präferierung.

Die höheren Lebensbedürfnisse, die sich aus den fortgeschritteneren Reproduktionsbedingungen der Menschen ergeben, sind außerdem mit hohen und noch wachsenden Anteilen von nichtmateriellen Leistungen aus den nichtproduzierenden Bereichen verbunden. Das erfordert im Prozeß der erweiterten Reproduktion der Volkswirtschaft, anteilig immer mehr Arbeitskräfte für diese Bereiche bereitzustellen. Die Bedürfniskomplexe Gesundheitswesen sowie Bildung/Kultur/Erholung beanspruchten zusammen 1972 für ihre nichtmateriellen Leistungen im Durchschnitt fast zweieinhalbmal soviel Arbeitskräfte, wie direkt und indirekt für die gesamte Produktion ihrer materiellen Konsumtionsmittel erforderlich waren. Der

Anteil der nichtproduzierenden Bereiche an den gesamten Berufstätigen hat sich in der DDR zwischen 1960 und 1975 zwar schon von 15,5 auf 19,0 % erhöht,[78] er wird aber mit den sich wandelnden Bedürfnissen noch weiter steigen müssen.

Auch der Bedarf an Dienstleistungen aus der materiellen Produktion wächst beschleunigt. Mehr als drei Viertel des Wertes der Dienstleistungen des Verkehrs- und Nachrichtenwesens gehen direkt in die Konsumtion und gehören zu den Bedürfniskomplexen, die heute infolge der veränderten Reproduktionsbedingungen des Menschen an Bedeutung gewinnen. Hinzu kommt, daß materielle Dienstleistungen, wie die der gesellschaftlichen Speisewirtschaft, des Gaststättenwesens, der Reparaturen, insbesondere für langlebige technische Konsumgüter, der Reinigungs- und Pflegedienste zur Erleichterung der Hausarbeit und nicht zuletzt verbesserte Leistungen des Handels in allen Bedürfniskomplexen, vor allem auch in denen der elementaren Lebensbedürfnisse, eine zunehmend größere Rolle spielen.

Zur Deckung des allgemein wachsenden Bedarfs an materiellen Diensten wie auch an nichtmateriellen Leistungen werden in der Tendenz ständig steigende Anteile am gesellschaftlichen Arbeitsvermögen für die Dienstleistungsbereiche in der Volkswirtschaft benötigt. Das gilt selbst unter der Berücksichtigung, daß die Arbeitsproduktivität in diesen Dienstleistungsbereichen durchaus noch steigerungsfähig ist. Die notwendige Erhöhung der Arbeitskräfteanteile für die materiellen Dienste und die nichtmateriellen Leistungen ist angesichts des hohen Ausnutzungsgrades des gesellschaftlichen Arbeitsvermögens in der DDR im wesentlichen nur dann zu erreichen, wenn Arbeitskräfte relativ und absolut aus den Bereichen der stofflichen Produktion freigesetzt werden. Das wiederum wird allein dadurch möglich, daß die Arbeitsproduktivität in einem höheren Tempo steigt, als die Produktion wächst.

Durch derartige Proportionen konnten bisher in der DDR beträchtliche Arbeitskräfteressourcen aus der Landwirtschaft freigesetzt werden. Tabelle 9 zeigt aber, daß nach 1965 diese Freisetzungen größtenteils wieder von den Bereichen der stofflichen Produktion (vor allem von der Industrie) aufgenommen worden sind und daß das Wachstum der Dienstleistungen aus

Tabelle 9

Arbeitskräfteentwicklung in den Hauptbereichen der Volkswirtschaft der DDR von 1960 bis 1975 (Berufstätige in 1000 Personen)

Jahre	Hauptbereiche der Volkswirtschaft			Volkswirtschaft insgesamt
	stoffliche Produktion[1]	materielle Dienste[2]	nichtproduzierende Bereiche	
1960	4956	1540	1191	7687
Veränderung				
1960 bis 1965	-133	+48	+74	-11
1965 bis 1970	-29	+32	+90	+93
1970 bis 1975	-40	+61	+159	+180
1975	4754	1681	1514	7949

1 Dazu gehören die Industrie (einschließlich produzierendes Handwerk), die Bauwirtschaft, die Land- und Forstwirtschaft.

2 Dazu gehören das Verkehrs- und Nachrichtenwesen, der Handel, die sonstigen produzierenden Bereiche.

Quelle: Statistisches Jahrbuch der DDR 1976, Berlin 1976, S. 15 und 16.

den produzierenden ebenso wie den nichtproduzierenden Bereichen hauptsächlich durch die weitere Zunahme der Berufstätigen in der Volkswirtschaft, insbesondere durch die steigende Frauenbeschäftigung, gewährleistet werden konnte.

In dem Maße, wie der Gesamtzuwachs der Arbeitskräfte in der Volkswirtschaft sowie die Freisetzungsmöglichkeiten von Arbeitskräften aus der Landwirtschaft sich verringern (was für die DDR bereits in den 80er Jahren zutreffen wird), ist der notwendige Mehrbedarf an Arbeitskräften für die Dienstleistungsbereiche nur zu decken, wenn auch die Industrie als größter Volkswirtschaftsbereich durch ein höheres Tempo der Arbeitsproduktivität gegenüber dem Produktionswachstum absolut Arbeitskräfte freisetzt. Das sind objektiv notwendige Proportionen, die sich aus den veränderten Reproduktionsbedingungen des Menschen und den verfügbaren Arbeitskräfteressourcen ergeben. Sie rücken bei der Gestaltung der materiell-technischen Basis in der entwickelten sozialistischen Gesellschaft der DDR schon in den nächsten Fünfjahrplanzeiträumen stärker in den Vordergrund.

Tabelle 10

Prozentuale Verteilung der Arbeitskräfte in den Hauptbereichen der Volkswirtschaft der DDR 1972 auf Bedürfniskomplexe

Bedürfniskomplexe	Hauptbereiche der Volkswirtschaft			Volkswirtschaft insgesamt
	stoffliche Produktion	materielle Dienste	nichtproduzierende Bereiche	
Ernährung	32,6	26,2	-	25,7
Bekleidung	6,3	8,9	-	5,8
Wohnung	13,2	15,8	-[1]	11,5
Transport/ Kommunikation	6,6	15,1	-	7,2
alle übrigen Bedürfniskomplexe	7,4	12,2	100	24,2
Konsumtion	66,1	78,2	100	74,4
Investitionen	33,9	21,8	-	25,6
Konsumtion und Investitionen zusammen	100	100	100	100

1 Das relativ geringe Personal der Wohnungsverwaltungen war nicht bekannt.

Hier wird die starke wechselseitige Abhängigkeit der Entwicklung der Bedürfniskomplexe und der Wachstumsproportionen sowie Effektivitätsrelationen aller Volkswirtschaftsbereiche besonders deutlich: Die Befriedigung der wachsenden Bedürfnisse, die zunehmend materielle und nichtmaterielle Dienstleistungen erfordern, hängt bei den begrenzten Arbeitskräfteressourcen entscheidend vom schnelleren Tempo der Arbeitsproduktivitätssteigerung gegenüber dem Produktionswachstum in den Bereichen der stofflichen Produktion ab.

Tabelle 10 vermittelt zu dieser Problematik noch einen zahlenmäßigen Überblick, der zeigt, in welchen Proportionen 1972 in der DDR die Arbeitskräfte der Hauptbereiche der Volkswirtschaft von den wichtigsten Bedürfniskomplexgruppen beansprucht wurden, und darauf hinweist, wie stark sich die materiellen und nichtmateriellen Dienstleistungen schon jetzt auf die Bedürfniskomplexe konzentrieren, die gegenwärtig und künftig beschleunigt wachsen.

Zum Wandel der Reproduktionsbedingungen des Menschen als Hauptproduktivkraft sind noch drei prinzipielle Bemerkungen erforderlich:

Erstens existieren im Sozialismus im Unterschied zum Kapitalismus keine gesellschaftlichen Grundlagen mehr, die im Reproduktionsprozeß die Sphären der Produktion und der Konsumtion, der gesellschaftlichen Arbeit und der individuellen hauswirtschaftlichen Tätigkeit oder der Arbeitszeit und der Freizeit in unüberwindbare gegensätzliche oder gar antagonistische Positionen zueinander bringen könnten, obwohl in der Praxis die früheren Widersprüche noch fortwirken und sich mitunter auch in neuen Erscheinungsformen zeigen. Die proportionale Entwicklung aller dieser Sphären mit der höchsten Effektivität für die sozialistisch-kommunistischen Ziele ist jedoch ein Grundprinzip der weiteren Gestaltung der materiell-technischen Basis.

Zweitens beschränkt sich unter sozialistischen Produktionsverhältnissen, wie Voronina in einem Übersichtsartikel feststellt, "die Reproduktion des persönlichen Faktors nicht auf die Reproduktion der Arbeitskraft, sondern beinhaltet die Reproduktion der Persönlichkeit als Mitglied des Kollektivs und als gesellschaftlich handelndes Wesen".[79] Die Bedingungen, die die Reproduktion der Arbeitskraft sichern und die allseitige Entfaltung der Menschen gewähren, verschmelzen zusehends miteinander.

Drittens geht es nicht nur darum, daß die Produktion mit ihren Erzeugnissen die materiell-technischen Mittel für die allseitige Reproduktion des Menschen schafft. In Wechselwirkung dazu muß eine planmäßig beschleunigte Entwicklung besonders derjenigen Produktionstechnik und Produktionsmittel erfolgen, die den Charakter der Arbeit und die Arbeitsteilung zielstrebig im sozialistisch/kommunistischen Sinne verändern. Wie schon in den vorangegangenen Abschnitten gezeigt wurde, ist die Arbeit die wichtigste Lebenssphäre des Menschen, und nur die entsprechende Veränderung ihres Charakters kann schließlich dazu führen, daß sie zum ersten Lebensbedürfnis wird. Ein wichtiges Erfordernis bei der Entwicklung der materiell-technischen Basis ist daher, die heute noch verbreiteten, körperlich schweren, monotonen und anderen abstumpfenden Tätigkeiten, in denen der Mensch nur als Anhängsel der Technik wirkt, schrittweise zu überwinden.

3.3. Reproduktionsbedingungen des Naturpotentials

Grundlegende Wandlungen in den Reproduktionsbedingungen vollzogen und vollziehen sich auch bei den natürlichen Ressourcen, der anderen elementaren Quelle des gesellschaftlichen Reichtums. Hierzu ist zunächst festzustellen, daß mit den Naturstoffen und -kräften produktive Potenzen verbunden sind, deren Nutzung für den weiteren Ausbau der materiell-technischen Basis schon deshalb eine erstrangige Rolle spielt, weil damit die Effektivität der gesellschaftlichen Produktion und vor allem auch die Akkumulationskraft der Volkswirtschaft wesentlich beeinflußt werden. Marx hat im "Kapital" wiederholt auf diese Tatsache hingewiesen. Der Naturstoff kann "mit größrer Spannung derselben Anzahl von Arbeitskräften intensiv oder extensiv stärker ausgebeutet" werden. Ebenso "können Naturkräfte, die nichts kosten, als Agenten dem Produktionsprozeß mit stärkrer oder schwächrer Wirksamkeit einverleibt werden".[80] So bewirken die verschiedenen Naturbedingungen der Arbeit, "daß dieselbe Quantität der Arbeit in verschiedenen Ländern verschiedne Bedürfnismassen befriedigt, daß also, unter sonst analogen Umständen, die notwendige Arbeitszeit verschieden ist"[81].

Durch den beschleunigten wissenschaftlich-technischen Fortschritt während der vergangenen zwei, drei Jahrzehnte konnten wesentlich neue produktive Potenzen von Naturstoffen und -kräften in der gesellschaftlichen Produktion nutzbar gemacht werden. Zu den hervorstechenden Erscheinungen dieses Prozesses gehören der verstärkte Einsatz von Erdöl und Erdgas, auf deren Basis eine sprunghafte Entwicklung der Plastwerkstoffe und Synthesefasern stattfand, die Einführung der Halbleiterstoffe und der mikroelektronischen Bauelemente und nicht zuletzt die friedliche Nutzung der

Kernenergie. Die zunehmende produktive Anwendung dieser hocheffektiven Roh- und Werkstoffe sowie Energieträger in Verbindung mit rationelleren technologischen Verfahren in der gesamten Stoff- und Energieumwandlung ermöglichte es, sowohl die gesellschaftliche Arbeitsproduktivität bedeutend zu steigern als auch die stofflich-energetischen Ressourcen ebenso wie das gesamte Sortiment der Gebrauchswerte für die Bedürfnisbefriedigung erheblich zu erweitern und qualitativ zu verbessern.

Mit der zunehmenden Nutzung neuer produktiver Potenzen der Naturstoffe und -kräfte im weltweiten Maßstab, durch die zugleich ein allgemein höheres Produktionswachstum stimuliert wurde, setzte jedoch ein außerordentlich starker Eingriff in die verfügbaren Rohstoff- und Energieressourcen ein. Das betraf ganz besonders diejenigen, die unmittelbar mit der modernen Technik verbunden waren und ihre hauptsächlichsten Arbeitsgegenstände bzw. Energieträger bildeten. Hinzu kommt, daß sich durch die Ausweitung der industriellen Produktion auch ganz allgemein der Rohstoffverbrauch beträchtlich erhöhte.

Die einschneidenden Eingriffe in die Naturreichtümer wirken sich gegenwärtig immer stärker auf die Reproduktion des gesamten Naturpotentials aus. Da auch die neue Technik bisher keinen entscheidenden Wandel im Ausnutzungsgrad der Stoffe und Energieträger herbeiführen konnte, kam es mit dem höheren Stoffumsatz durch die wachsende Industrieproduktion zwangsläufig zu verstärkten Beeinträchtigungen des ganzen Naturhaushalts, zu wesentlichen Störungen natürlicher Gleichgewichte und Kreisläufe. Zu den hauptsächlichsten Faktoren, die diese Entwicklung bewirkten, gehören der immer größere Rohstoffentzug für die Produktion, die stark anwachsenden Produktions- und Konsumtionsabfälle (vor allem an nicht wiederverwertbaren synthetischen Stoffen), die verstärkten Schadstoffemissionen in Luft, Wasser und Boden, insbesondere im Zuge der beschleunigten Chemisierung in Industrie, Landwirtschaft, Haushalten u.a.m. Durch diese Entwicklung wird heute die Erhaltung und Pflege der Natur, die Sicherung der Reproduktion des Naturpotentials mit all seinen Stoffen, Kräften, Kreislaufsystemen und anderen produktiven Potenzen sowie lebenswichtigen Bedingungen für den Menschen immer mehr zu einem entscheidenden Problem für den weiteren volkswirtschaftlichen Reproduktionsprozeß und damit selbstverständlich auch für die weitere Gestaltung der materiell-technischen Basis.

Die schwieriger und komplizierter werdende Rohstoffbeschaffung sowie die sich mit dem wachsenden Stoffumsatz in Produktion und Konsumtion außerdem immer mehr verstärkenden Reproduktionsprobleme des gesamten Naturpotentials werden in der Tendenz jetzt größere und weiterhin zunehmende Anteile an der gesellschaftlichen Arbeit, insbesondere am volkswirtschaftlichen Akkumulationsfonds, beanspruchen. Das kann nur kompensiert werden, wenn der stoffliche und energetische Wirkungsgrad der Technologien erhöht wird. In vielen Fällen macht das wiederum die Anwendung neuer Wirkprinzipien notwendig.

Unter diesen veränderten Reproduktionsbedingungen des Naturpotentials kommen ökonomische Faktoren, die schon immer für die Rohstoffwirtschaft unter den bisher angewendeten Technologien charakteristisch waren, weitaus stärker zur Geltung, als es in früheren Etappen der Fall war. Sie können heute zu neuen Widersprüchen zwischen den Aufwendungen zur Reproduktion des Naturpotentials und der Befriedigung der wachsenden Bedürfnisse führen, wenn die bestehenden Technologien der Stoff- und Energieumwandlung für die Bedürfnisbefriedigung im wesentlichen beibehalten werden. Es handelt sich vor allem um folgende Faktoren:

1. Der spezifische Grundfondseinsatz und damit auch Investitionsaufwand je Produktionswerteinheit in den Anfangsstufen der Rohstoffgewinnung und -aufbereitung sowie der Energieerzeugung ist um ein mehrfaches größer als der in den Endstufen der Konsum- und Investitionsgüterindustrie. So umfaßten 1975 in der DDR die Grundstoffindustrie (einschließlich der Energie- und Wasserwirtschaft) und die Landwirtschaft zusammen etwa 50 % aller Produktionsgrundfonds, obwohl sie nur 27 % des Gesamtprodukts erbrachten, auf sie entfielen 45 % aller von 1971 bis 1975 in der Volkswirtschaft der DDR getätigten Investitionen (einschließlich der nichtproduzierenden Bereiche) und 54 % der Investitionen der materiellen Produktion.[82]

2. Die Zweige der Rohstoffgewinnung und -aufbereitung sowie der Energieerzeugung sind selbst die größten Energieverbraucher und beanspruchen, indem sie höchst materialintensive Anlagen und Ausrüstungen anwenden,

selbst auch den Hauptanteil der in den Investitionsgütern vergegenständlichten Rohstoffe (insbesondere Metalle). 1975 kamen 57 % des gesamten Elektroenergieverbrauchs der DDR auf Grundstoffindustrie und Landwirtschaft, darunter allein 18 % auf die Energie- und Brennstoffindustrie.[83] Die die Rohstoffintensität anzeigenden Masse-Wert-Relationen der Bergbau-, Metallurgie-, Chemie und anderen Ausrüstungen der Grundstoffproduktion liegen um ein mehrfaches über denen von Ausrüstungen der verarbeitenden Industrie. Durch diesen hohen Eigenbedarf an Rohstoffen und Energie verstärkt sich noch die ökonomische Rolle der Rohstoff- und Energiebasis im Prozeß der erweiterten Reproduktion unter den derzeitigen technologischen Bedingungen.

3. Hinzu kommt, daß die Roh- und Grundstoffe sowie Energieträger auch die größten Anteile des gesellschaftlichen Transportwesens beanspruchen, das ebenfalls außerordentlich grundfonds- und investitionsintensiv ist. Mehr als 80 % der Gütertransportmenge der Eisenbahn sowie des Güterumschlages der Seehäfen der DDR wurden 1975 von diesen Güterarten eingenommen.[84]

4. In den Produktionsstufen zur Herstellung der Enderzeugnisse treten relativ hohe Verluste und Abfälle an nutzbaren Stoff- und Energiemassen in den verschiedensten Formen auf. Nur etwa 30 bis 50 % des ursprünglich gewonnenen Metalls und Holzes sind tatsächlich in den Enderzeugnissen der metall- und holzverarbeitenden Industrie enthalten. In der Energiewirtschaft können sogar nur 15 bis 20 % des Kaloriengehaltes der Primärenergie als Nutzenergie verwendet werden. Ähnlich niedrig kalorische Wirkungsgrade ergeben sich auch aus den Stufenprozessen der Land- und Nahrungsgüterwirtschaft für die menschliche Ernährung. Hinzu kommt der hohe Abfall von Abraum, Taubgestein, Schlacke u.a. in den Ausgangsstufen der industriellen Rohstoffgewinnung, deren Masse die der produktiv nutzbaren Stoffe meist um ein mehrfaches übersteigt. So sind die Förderanlagen unseres Braunkohlenbergbaues mehr mit der Abraumbewegung als mit der eigentlichen Kohleförderung beschäftigt (1974 etwa 3,5 m^3/t Kohle, 1980 sollen es 4,8 und 1990 etwa 5,2 m^3/t sein).[85]

Unter diesen Gegebenheiten, die hauptsächlich mit den angewendeten Technologien und Naturbedingungen verbunden und beim derzeitigen Stand von Wissenschaft und Technik nur in begrenzten Spielräumen veränderbar sind, ist im Grunde genommen ein großer Teil der gesellschaftlichen Gesamtarbeit mit der Bewegung von Stoff- und Energiemassen beschäftigt, die schließlich nur als Verlust oder Abfall auftreten und nicht in das Endprodukt eingehen. Mit der sich ständig erweiternden Reproduktion dieses großen Verlust- und Abfallvolumens treten zwangsläufig immer größere Probleme der Abfallverwertung sowie der Umweltbelastung auf. Der ökonomische Einfluß dieses bedeutenden Volumens der gesellschaftlichen Arbeit, der durch die erweiterte Reproduktion der derzeitigen Technologien immer mehr verstärkt wird, erhöht sich noch durch die Tatsache, daß mit ihm besonders große Anteile der Produktionsgrundfonds und des Akkumulationsfonds der Volkswirtschaft verbunden sind.

In materiell-technischer Hinsicht bestehen deshalb die Kernfragen des gegenwärtigen Rohstoffproblems in prinzipiellen Verbesserungen der stoff- und energiewirtschaftlichen Wirkungsgrade der Technologien besonders in der Energie- und Grundstoffindustrie. Die politökonomischen Kernfragen bilden dabei Umverteilungen der gesellschaftlichen Gesamtarbeit zugunsten solcher neuer Technologien und die Intensivierung des gesamten volkswirtschaftlichen Reproduktionsprozesses unter diesen stoff- und energiewirtschaftlichen Gesichtspunkten.

Die Umverteilungsprobleme der gesellschaftlichen Gesamtarbeit betreffen in erster Linie den volkswirtschaftlichen Akkumulationsprozeß. Sie müssen sowohl im nationalen Reproduktionsprozeß als auch im internationalen Austausch, insbesondere im Rahmen der sozialistischen Wirtschaftsintegration, planmäßig gelöst werden. Ihre Bewältigung ist um so schwieriger, weil in der bevorstehenden Entwicklungsetappe der sozialistischen Gesellschaft gleichzeitig auch noch andere große Probleme der Bedürfnisbefriedigung zu lösen sind (Wohnungsbauprogramm, Gesundheitswesen, Infrastruktur u.a.).

Die zu erwartenden Veränderungen der Bedürfnisstrukturen werden sogar die Rohstoff- und Energieversorgungsprobleme im volkswirtschaftlichen Reproduktionsprozeß noch stärker zur Geltung bringen. Die auf die Bedürfniskomplexe bezogenen Analysen der Verteilung wichtiger Erzeugnisgruppen der Energie- und Grundstoffwirtschaft zeigen ziemlich eindeutig, daß mit dem Zurückbleiben des Wachstums der Bedürfniskomplexe Ernährung und Bekleidung gegenüber dem allgemeinen Konsumtionswachstum, das sich in der DDR bereits seit einigen Jahren abzeichnet, keine Entlastungen der volkswirtschaftlichen Energie- und Rohstoffversorgung zu erwarten sind. Da sich diese Tendenz noch verstärken wird, muß mit noch größeren Anforderungen gerechnet werden, denn die Bedürfniskomplexe, auf die sich die gesellschaftliche Produktion mehr und mehr verlagern wird, beanspruchen wesentlich höhere Anteile an wichtigen Erzeugnisgruppen der Energie- und Grundstoffwirtschaft. Aus Tabelle 7 ist zu ersehen, daß 39 % des volkswirtschaftlichen Endprodukts für den Inlandbedarf (für Konsumtion und Investitionen) auf die Bedürfniskomplexe Ernährung und Bekleidung entfallen und 31 % auf all die anderen Bedürfniskomplexe der Konsumtion, die mit samt ihrem Produktionsbedarf jetzt zunehmend schneller wachsen als die Bedürfniskomplexe Ernährung und Bekleidung. Die Anteile wichtiger Energie- und Grundstoffgruppen für die Gesamtheit der beschleunigt wachsenden Bedürfniskomplexe liegen jedoch wesentlich über dem Endproduktanteil dieser Komplexe. So waren 1972 mit dem Endproduktanteil der beschleunigt wachsenden Bedürfniskomplexe von 31 % folgende Anteile an der Gesamterzeugung wichtiger Energie- und Grundstoffgruppen verbunden, berechnet nach dem vollen Aufwand:

59 % der festen Brennstoffe[1],
50 % der Energie[1],
42 % der Erdölprodukte[1],
34 % der NE-Metalle,
44 % der Materialien der organischen Chemie (einschließlich Plaste),
45 % der Holzmaterialien,
49 % der Materialien der Papier- und polygraphischen Industrie.

1 Einschließlich der direkt konsumierten Anteile.

Demgegenüber kommen bei dem im Wachstum am meisten zurückbleibenden Ernährungskomplex hauptsächlich die pflanzlichen und tierischen Rohstoffe der Landwirtschaft zur Verarbeitung.

Durch das relative Zurückbleiben der Bedürfniskomplexe Ernährung und Bekleidung und der stärkeren Verlagerung des Wachstums der Konsumtion auf die anderen Bedürfniskomplexe wird, wenn keine prinzipiellen technologischen Veränderungen erfolgen, der Bedarf an den genannten Energie- und Grundstoffgruppen ebenfalls überdurchschnittlich wachsen, so daß sich in der nächsten Zeit die Versorgungsprobleme der Volkswirtschaft auf diesen Gebieten höchstwahrscheinlich noch mehr verschärfen. Das unterstreicht die auf dem IX. Parteitag der SED gegebene Orientierung auf eine hohe Materialökonomie und eine entschiedene Senkung des spezifischen Aufwands an Energie, Rohstoffen und Material bei der Intensivierung des volkswirtschaftlichen Reproduktionsprozesses.[86]

So betrachtet, bildet das Rohstoffproblem heute ein sehr komplexes volkswirtschaftliches Reproduktionsproblem, das sich direkt und indirekt auf die gesamte Verteilung der gesellschaftlichen Arbeit für alle zu befriedigenden Bedürfnisse erstreckt und mit Grundfragen der technologischen Entwicklung sowie der Proportionen und des Wachstumstempos des gesellschaftlichen Gesamtprodukts und des Nationaleinkommens verbunden ist.

Bei einem solchen Herangehen zeigt sich auch, daß sich die in jüngster Zeit viel diskutierten rohstoff- und umweltbedingten "Grenzen des Wachstums" in sehr relative ökonomische Schranken verwandeln. Durch eine realistische Gestaltung der volkswirtschaftlichen Proportionen und Wachstumstempi in Verbindung mit der stärkeren praktischen Nutzung neuer wissenschaftlich-technischer Erkenntnisse über eine rationelle Stoff- und Energieumwandlung zeichnen sich durchaus mögliche Lösungswege für die derzeitigen Reproduktionsprobleme des Naturpotentials ab. Das ist allerdings, wie schon erwähnt, nur mit prinzipiellen Veränderungen der zur Zeit vorherrschenden industriellen Technologien zu erreichen, und zwar in Richtung auf eine komplexe, abfallarme und mehrfache Nutzung der Stoff- und Energieressourcen in relativ geschlossenen Kreisläufen, die eine integrierte Primär- und Sekundärrohstoffwirtschaft ermöglicht und die natürliche Umwelt weniger belastet. Das ist eine Aufgabe der naturwissenschaftlich-technischen Forschung, die jetzt zielstrebig in interdisziplinärer Arbeit in Angriff genommen werden muß. Die ökonomische Forschung hat dabei durch Nachweis der in den Abprodukten insgesamt gebundenen gesellschaftlichen Arbeit, durch Bewertung der Naturressourcen und die Nutzensanalyse des Umweltschutzes die objektiven ökonomischen Spielräume nachzuweisen, in deren Grenzen solche Technologien entwickelt werden könnten.

Aussichtsreiche Lösungsmöglichkeiten für das Rohstoffproblem eröffnet auch die stärkere Orientierung des gesellschaftlichen und ökonomischen Entwicklungsprozesses auf solche Konsumtionsformen, die heute noch vorhandene, besonders unrationelle rohstoffverschwendende Formen der Bedürfnisbefriedigung überwinden helfen. Das betrifft vor allem das bessere Angebot attraktiver gesellschaftlicher Dienstleistungen, die auf Gebieten wie des Transports, der Erholung, der Hausarbeit u.a. die Nutzung individueller Konsumgüter einschränken können und so bei gleichem oder höherem Nutzeffekt in der Bedürfnisbefriedigung die volkswirtschaftlichen Rohstoff- und Energieressourcen erheblich weniger beanspruchen. Es betrifft eine gesündere Ernährung anstelle der heute schon vorhandenen Überernährung, die zudem noch mit immer höheren materiellen Aufwendungen für das Gesundheitswesen verbunden ist. In diesem Zusammenhang sei darauf hingewiesen, daß der Ernährungskomplex heute immer noch etwa ein Drittel der gesamten Rohstoff- und Energiebasis in Anspruch nimmt.

3.4. Reproduktionsbedingungen der Produktionsgrundfonds

Wenn die maschinelle Großproduktion mit ihrer jetzigen Technologie sich weiterhin in dem relativ hohen Tempo erweitert reproduziert, wie es bisher der Fall war, werden auch für die diese Technik verkörpernden Produktionsgrundfonds in absehbarer Zeit veränderte Reproduktionsbedingungen ökonomisch stärker zur Wirkung gelangen. Sie führen zu Reproduktions-

Tabelle 11

Prozentuale Verteilung der Grundfonds in der Volkswirtschaft der DDR 1972 auf Bedürfniskomplexe

Bedürfnis-komplexe	Produktionsgrundfonds (nach vollem Aufwand an Gesamterzeugung für das Endprodukt)			Grundfonds der nichtproduzierenden Bereiche[1]
	materielle Produktion insgesamt	Energie- und Brennstoffindustrie	Verkehrs- und Nachrichtenwesen	
Ernährung und Bekleidung	35,4	21,1	20,3	-
Wohnung	14,6	27,4	11,4	72
Transport/ Kommunikation	11,1	9,3	32,4	-
alle übrigen Bedürfniskomplexe	9,5	15,6	7,0	28
Konsumtion	70,6	73,3	71,2	100
Investitionen	29,4	26,7	28,8	-
Konsumtion und Investitionen zusammen	100	100	100	100
Zum Vergleich:				
Grundfondsintensität der Gesamterzeugung	0,85	2,52	3,21	x

1 Die statistisch in der nichtproduzierenden Sphäre erfaßten Verkehrsanlagen, die sich weitgehend analog der Produktionsgrundfonds des Verkehrswesens verteilen, wurden hier nicht berücksichtigt.

problemen, die wesentlich anderer Natur als die bekannten Probleme des physischen und moralischen Verschleißes, des effektiven Ersatzes und der Aussonderung, der Rückflußdauer der Investitionen u.a. sind.

Die verstärkte Übertragung menschlicher Funktionen auf technische Mittel, mit denen die Grundfondsausstattung und der einmalige Aufwand je Arbeitskraft weiter steigen, die wachsende Rolle der Infrastruktur sowie die

Tabelle 12

Relative durchschnittliche Grundfondsintensität der materiellen Produktion der DDR 1972 für Bedürfniskomplexe

Bedürfniskomplexe	Grundfondsintensität
Ernährung und Bekleidung	0,92
Wohnung	1,16
Transport und Kommunikation	1,46
alle übrigen Bedürfniskomplexe	1,14
Konsumtion	1,05
Investitionen	0,89
Konsumtion und Investitionen zusammen	1,00

Quelle: Errechnet aus den Anteilen der Grundfonds entsprechend Tabelle 11 und der Gesamterzeugung entsprechend Tabelle 7.

Veränderung der Bedürfnisse führen dazu, daß das spezifische Gewicht der Grundfonds im volkswirtschaftlichen Reproduktionsprozeß zunimmt. Diese Feststellung wird bekräftigt, wenn man die Verteilungsproportionen der Grundfonds nach Bedürfniskomplexen unter folgenden Gesichtspunkten betrachtet:

Die äußerst grundfondsintensiven Erzeugnisse bzw. Leistungen der Energie- und Brennstoffindustrie sowie des Verkehrs- und Nachrichtenwesens, die zusammen etwa 35 % aller Produktionsgrundfonds umfassen, haben direkt und indirekt erheblich größere Anteile an den Bedürfniskomplexen, die beschleunigt wachsen. Wie aus den Tabellen 11 und 12 ersichtlich ist, tragen sie zu einer wesentlich höheren Grundfondsintensität der vollen Produktionsaufwendungen für die schneller wachsenden Bedürfniskomplexe bei. Demgegenüber geht in die langsamer wachsenden Bedürfniskomplexe die größtenteils wenig grundfondsintensive Produktion der Lebensmittel- und Leichtindustrie ein. Darüber hinaus sind die Grundfonds der nichtproduzierenden Bereiche fast ausschließlich auf die heute beschleunigt wachsenden Bedürfniskomplexe konzentriert. Hier haben die Wohnungsfonds, deren erweiterte Reproduktion heute Vorrang hat, den weitaus größten Umfang.

Allein schon durch die bedürfnisbedingte Zunahme der Grundfondsintensität im gegenwärtigen und künftigen Wachstumsprozeß der Volkswirtschaft wird sich auch die Rolle der Ersatz- und Erweiterungsinvestitionen sowohl für die Produktionsgrundfonds als auch für die Grundfonds der nichtproduzierenden Bereiche erhöhen. Außerdem sind für den gleichzeitig durchzuführenden technologischen Strukturwandel ebenfalls größere Investitionen erforderlich.

Entlastende Struktureffekte für die Investitionen könnten allerdings durch eine steigende Investitionsrate selbst eintreten, denn die Produktion für die Investitionen ist im Durchschnitt wesentlich weniger grundfondsintensiv als die Produktion für die Konsumtion (vgl. Tabelle 12). Es erscheint aber sehr fraglich, ob diese Effekte so groß sind, daß sie insgesamt die bedürfnisbedingte Tendenz zu einer höheren Investitions- oder Akkumulationsrate ausgleichen.

Unter diesen Voraussetzungen ist auf die Dauer eine Stabilisierung der Akkumulationsrate, wie sie das Sozialprogramm erfordert, nur zu verwirklichen, wenn die Ausnutzung der Grundfonds und damit die Grundfondsquote im Reproduktionsprozeß erhöht wird, und zwar in einem solchen Maße, daß die objektiven Tendenzen zu einer höheren Grundfondsintensität und Akkumulationsrate kompensiert werden können.

Damit stellt sich das Problem der zeitlichen Auslastung der Grundfonds in einer neuen Dimension. Es muß in erster Linie im Zusammenhang mit den wachsenden Anforderungen an den volkswirtschaftlichen Akkumulationsfonds betrachtet werden. Schon seit längerem wird immer wieder die Notwendigkeit betont, hochwertige Grundmittel besser auszulasten. Aber es geht noch um weit mehr als diese höhere Auslastung. Wegen ihrer untrennbaren Verbindung zum Tages- und Wochenrhythmus der Arbeit sowie zur Urlaubs- und Feriengestaltung u.a., vor allem saisonaler Faktoren des jährlichen Arbeitsrhythmus, gehört die zeitliche Auslastung der Grundfonds zu den Problemen, bei denen wirtschafts- und sozialpolitische Fragen besonders eng verknüpft sind. Mit der wachsenden Grundfondsausstattung verringern sich jedoch die Freiheitsgrade, die Auslastung der Grundfonds durch andere als wirtschaftliche Faktoren zu bestimmen, da auch bei gleichbleibender Auslastung die Masse der nichtausgelasteten Grundfonds zunimmt. Diese bindet in der erweiterten Reproduktion absolut und auch relativ eine immer größere Masse des Akkumulationsfonds und beeinträchtigt die im Interesse des Sozialprogramms notwendige Stabilisierung der Akkumulationsrate.

Bis auf einzelne voll oder teilweise durchgängig arbeitende Zweige (der Energiewirtschaft, der Grundstoffindustrie, des Verkehrswesens u.a.) liegen die meisten Produktionsstätten der DDR heute an zwei Tagen der Woche still. Nach statistischen Angaben arbeiteten 1975 von den Produktionsarbeitern 57,5 % einschichtig, 14,9 % zweischichtig und 27,7 % dreischichtig.[87] Schon anhand dieser Daten läßt sich einschätzen, daß, abgesehen von den eben genannten durchgängig arbeitenden Zweigen, Produktionsfonds in der DDR im Wochendurchschnitt höchstens zu etwa 40 % der Gesamtzeit wirklich produktiv ausgelastet sind. Es ist leicht zu berechnen, daß beispielsweise die zahlreichen einschichtig arbeitenden Betriebe ihre Produktionsfonds bei einer etwa 45stündigen Wochenarbeit (also schon mit einer reichlichen Überstunde) nur zu 27 % der gesamten Wochenzeit von 168 Stunden tatsächlich in Anspruch nehmen.

Das sind zunächst zweifellos die sehr positiven Zeichen dafür, daß heute unter den sozialistischen Produktionsverhältnissen den von Marx geschilderten Maßlosigkeiten der kapitalistisch angewandten Maschinerie[88] doch sehr kräftige gesellschaftliche Zügel angelegt worden sind. Darin zeigt sich aber auch eine Kehrseite, die heute ökonomisch immer bedeutender wird. Unter beträchtlichem Aufwand wertvoller Arbeitskraft, Energie und Rohstoffe werden alljährlich mehr und mehr neue Produktionsfonds geschaffen, die von vornherein über die Hälfte der Zeit überhaupt nicht ihren Zweck erfüllen, weil sie nur brachliegen. Ähnliche Probleme ergeben sich auch für wesentliche Teile der Grundfonds der sogenannten nichtproduzierenden Sphäre.

Angesichts der sich verschärfenden Arbeitskräfte-, Rohstoff- und Energie- sowie Umweltsituation wird man sich künftig mehr mit dem Auslastungsproblem aus der hier umrissenen Sicht auseinandersetzen müssen. Dabei dürfte klar sein, daß damit grundlegende Fragen der Organisation des gesamten gesellschaftlichen Lebens berührt werden, die in ihrer ganzen Tragweite noch nicht zu übersehen sind. Mit ihnen ergeben sich nicht nur tiefgreifende Wandlungen der Lebensgewohnheiten vieler Menschen, sondern auch ganz erhebliche Veränderungen im Verkehrswesen, im Handel, in der Energiewirtschaft und anderen Bereichen, die aber insgesamt auch auf eine bessere Auslastung der vorhandenen Fonds hinauslaufen würden.

Hierbei zeigt sich sehr deutlich, wie eng die Probleme der materiell-technischen Entwicklung mit allen Fragen des gesellschaftlichen Lebens zusammenhängen und welche bestimmende Rolle die Organisation des gesellschaftlichen Lebens dabei spielt. Zweifellos sind diese Veränderungen weitaus schwieriger zu bewältigen als materiell-technische Umgestaltungen. Hier liegen wahrscheinlich auch die größeren Probleme für die Entwicklung der materiell-technischen Basis des Kommunismus. Überlegungen zu den hier aufgeworfenen Auslastungsfragen der gesellschaftlichen Grundfonds gewinnen aber jetzt an Bedeutung vor allem für Entscheidungen über die sehr langfristig wirksame infrastrukturelle Entwicklung bei der weiteren Gestaltung der materiell-technischen Basis.

In diesem Zusammenhang treten auch spezielle Anforderungen an die künftige Entwicklung der Produktionstechnik auf. Ein Beispiel aus der Landwirtschaft soll das verdeutlichen. Hier kommen heute die hochspezialisierten Großgeräte (Mähdrescher, Kartoffel- oder Rübenkombines u.a.) nur während der kurzen, zeitlich sogar meist gestaffelten Erntezeit von relativ wenigen Wochen des Jahres zum Einsatz. Gelänge es, einen Geräteträger zu entwickeln, der die landtechnischen Komponenten der verschiedenen Erntemaschinen gleichermaßen bedienen könnte, dann würde eine doppelt und mehrfach höhere Ausnutzung der fahrtechnischen Komponente der Landmaschinen gegenüber dem heutigen Stand möglich sein, und die gesellschaftlichen Aufwendungen für den Landmaschinenbau könnten sich wahrscheinlich erheblich verringern. Mit den jetzt bei uns eingeführten einheitlichen Maschinensystemen der Landwirtschaft sind bereits die Ansätze für diese Entwicklung vorhanden.

Dabei stößt man auf einen weiteren bedeutenden Problemkreis neuer Reproduktionsbedingungen der Produktionstechnik, der sich vor allem aus dem beschleunigten wissenschaftlich-technischen Fortschritt und der damit zunehmenden Dynamik der Produktion ergibt. Heute handelt es sich in vielfacher Hinsicht um eine Tendenz zur hochspezialisierten Massenproduktion. Ihre erweiterte Reproduktion bringt bei den wachsenden Größenordnungen der Kapazitäten, Anlagen, Stückzahlen, Kooperationsbeziehungen u.a. einerseits und den sich verstärkt ändernden Bedürfnissen andererseits immer komplizierter werdende Bedingungen für notwendige Strukturveränderungen mit sich. In dieser Hinsicht wird eine höhere Flexibilität der materiell-technischen Elemente des Reproduktionsprozesses, d.h. sowohl der technischen Anlagen und Ausrüstungen als auch des damit produzierten Erzeugnissortiments, zu einem erstrangigen Erfordernis der weiteren Produktionsentwicklung. Dazu können bekanntlich die Standardisierung und Typisierung der Produktion, die Entwicklung von Baukastensystemen und anderen technischen Einheitssystemen maßgeblich beitragen. Eine hohe Flexibilität ist vor allem durch die Kombinationsfähigkeit der konstruktiven Grundelemente zu erreichen.

Mit der weiteren Automatisierung der Produktion wird es noch dringlicher, der notwendigen Flexibilität Rechnung zu tragen. Smirnov weist auf dieses immer akuter werdende Problem der ungenügenden konstruktiv-funktionellen Flexibilität der Technik besonders hin. Die mangelnde Anpassungsfähigkeit der Produktionsanlagen an schnelle Veränderungen des Produktionssortiments würden in der automatisierten Produktion zu beträchtlichen Investitionsverlusten führen, und Smirnov unterstützt deshalb die Meinung vieler Ökonomen, die "in einer flexiblen technischen Ausrüstung der Produktion eines der wichtigsten Probleme schon für die gegenwärtige Etappe des wissenschaftlich-technischen Fortschritts"[89] sehen.

Die Flexibilität der volkswirtschaftlichen Produktionsstruktur ist außerdem von einem ausgewogenen Verhältnis der Groß-, Mittel- und Kleinbetriebe abhängig. Es wäre falsch, die bei der materiell-technischen Basis im Sozialismus vorherrschende maschinelle Großproduktion mit der vorwiegenden Existenz von Großbetrieben gleichzusetzen. Eine stark konzentrierte und spezialisierte Produktion in Großbetrieben erreicht in der Regel nur dann die entsprechend hohe Produktivität und Effektivität, solange die Aufwandsdegression der Gemeinkosten für Produktionsorganisation, Verwaltung u.a. wirkt und wenn der massenhafte Absatz ihrer Produktionssortimente längerfristig gesichert und damit stabil bleibt. Auf den mit dem wissenschaftlich-technischen Fortschritt und den sich wandelnden Bedürfnissen zunehmenden Wechsel der benötigten Produktionssortimente können Mittel- und Kleinbetriebe meist wesentlich rationeller reagieren. Unter dem Einfluß der wissenschaftlich-technischen Revolution haben sich in den USA nach 1955 spezialisierte Kleinbetriebe mit hochproduktiven Ausrüstungen stärker als die Großunternehmen entwickelt. Die Konzentration der Produktion im Rahmen von Betrieben zeigt dagegen eine rückläufige Tendenz.[90]

Die weitere Arbeitsteilung und Vergesellschaftung der Produktion und damit die Konzentration und Spezialisierung vollziehen sich heute - und das ist für die veränderten Reproduktionsbedingungen der Grundfonds ebenfalls sehr wichtig - in erster Linie im Rahmen größerer Produktionskomplexe. In dieser Hinsicht hat sich jetzt auch der Inhalt des Begriffs der Produktionseinheit wesentlich gewandelt. "Unter den heutigen Verhältnissen bildet nicht mehr der einzelne Betrieb, sondern ein Komplex von Fertigungsstätten eine solche technisch-ökonomische Einheit."[91]

Die Komplexität und Verflechtung verstärken sich nicht nur bei der Produktion, sondern auch beim Transport und bei der Lagerhaltung (z.B. Containerumschlag) und schließlich sogar bei der Konsumtion (z.B. aufeinander abgestimmter Systeme technischer Konsumgüter). Auf diese Weise entwickeln sich die höheren Stufen der Arbeitsteilung, der Spezialisierung, Kooperation und Konzentration sowie andere Formen der Vergesellschaftung von Produktion und Arbeit. Schon im Kapitalismus verwandelt sich die materielle Produktion, wie Pokrytan erklärt, "in einen gesellschaftlichen Prozeß, der als einheitlicher Mechanismus funktioniert und dessen einzelne Elemente einander bedingen und voraussetzen. Die Entwicklung der maschinellen Großindustrie schafft eine allgemeine Verbindung und deshalb auch eine allgemeine Abhängigkeit der einzelnen Elemente des gesellschaftlichen Produktionsprozesses."[92]

Im Zusammenhang damit verweist Pokrytan auch ausdrücklich auf die sich verstärkende Rolle derjenigen Zweige, die die allgemeinen Bedingungen für das Funktionieren der gesamten gesellschaftlichen Produktion sichern und zu denen neben den schon traditionellen Zweigen, wie Eisenbahn, Post, Telegraphenwesen, jetzt auch solche Bereiche, wie das Straßennetz, die Telefonverbindungen, Rundfunk und Fernsehen, kommunale Dienste, wissenschaftliche Einrichtungen, Konstruktionsbüros, Versuchsbetriebe u.a.m., gehören.[93] Bei der wachsenden Komplexität und Verflechtung der technologischen Prozesse erhält die hohe Leistungsfähigkeit dieser größtenteils sehr grundfondsintensiven infrastrukturellen Bereiche eine maßgebliche Bedeutung für die Intensivierung des volkswirtschaftlichen Reproduktionsprozesses und damit für die Effektivität der gesellschaftlichen Gesamtarbeit.

4. Ökonomie der Zeit als zusammenfassendes ökonomisches Maß bei der Gestaltung der materiell-technischen Basis

Sämtliche mit der materiell-technischen Basis und ihrer Gestaltung verbundenen Prozesse und Faktoren lassen sich in ihren ökonomischen Wirkungen letztlich nur unter einem einheitlichen Nenner zusammenfassend betrachten, unter dem Aspekt der Ökonomie der Zeit.

Im Mittelpunkt steht dabei das von Marx formulierte Grundproblem, wonach die Allseitigkeit der Entwicklung der Gesellschaft, ihres Genusses und ihrer Tätigkeit letztlich von der Zeitersparung und von der zweckmäßigen Zeiteinteilung für eine den Gesamtbedürfnissen gemäße Produktion abhängt. Diese Zeitökonomie bleibt, wie Marx ebenfalls bemerkte, auf der Grundlage der "gemeinschaftlichen Produktion" erst recht erstes ökonomisches Gesetz.[94]

Im "Kapital" hat Marx darauf aufmerksam gemacht, daß es erst vollständig entwickelter Warenproduktion bedurfte, bevor sich aus der Erfahrung die wissenschaftliche Einsicht herausbildete, daß die naturwüchsigen Glieder der gesellschaftlichen Arbeitsteilung über die zufälligen und stets schwankenden Austauschverhältnisse fortwährend auf ihr gesellschaftlich proportionales Maß reduziert werden und daß dahinter die gesellschaftlich notwendige Arbeitzeit "als regelndes Naturgesetz" steckt.[95]

Der vielgliedrige Zusammenhang der materiell-technischen Basis im System der gesellschaftlichen Arbeitsteilung, in dem neben der materiellen Produktion heute immer mehr die Bereiche der nichtmateriellen Sphäre sowie der individuellen Sphäre (insbesondere mit den sich verändernden Reproduktionsbedingungen des Menschen als Hauptproduktivkraft) an Einfluß gewinnen, lassen sich in ihren mannigfaltigen Wechselwirkungen überhaupt nur über Zeitkategorien - in Form von Zeitersparnis oder zweckmäßiger Zeiteinteilung - ökonomisch zusammenhängend erfassen und analysieren.

Auch Filipec, Löwe und Richta messen diesen Fragen besondere Bedeutung bei, indem sie feststellen, daß die sozialistische Gesellschaft vor der Aufgabe steht, "ein geschlossenes, wissenschaftlich fundiertes System der Ökonomie der Zeit einzuführen, um die gesamte Volkswirtschaft auf die optimale Entwicklung der Produktivkräfte und der sozialistischen Produktionsverhältnisse orientieren zu können. Die Ökonomie der Zeit ... ist ein unmittelbarer Gradmesser des Wachstums der Arbeitsproduktivität, d.h. der Entfaltung neuer Produktivkräfte der Gesellschaft und zugleich auch der neuen Möglichkeiten, die für die Kultivierung der gesellschaftlich nutzbar werdenden Potenzen des Menschen erschlossen wurden."[96]

Beim jetzigen Entwicklungsstand unserer Volkswirtschaft, der nicht nur durch ein hohes Niveau der Industrialisierung und der Konsumtion, sondern auch durch außerordentlich starke Ausnutzungsgrade des Arbeitspotentials und der materiellen Ressourcen gekennzeichnet ist und bei dem eine erweiterte Reproduktion im Prinzip allein auf intensivem Wege möglich ist, können die gesetzmäßig wachsenden Bedürfnisse erst dann ausreichend befriedigt werden, wenn die Gesellschaft für den zu erreichenden Zuwachs der Bedürfnisbefriedigung ständig in ausreichendem Maße disponible Zeit gewinnt. Damit ist ganz allgemein Arbeits- und Freizeit der Menschen gemeint, die noch nicht durch notwendige Produktions- und Konsumtionsprozesse zur Reproduktion der Lebensbedingungen gebunden ist und über die die Gesellschaft in engeren oder weiteren Grenzen für die verschiedensten Zwecke der Bedürfnisbefriedigung tatsächlich noch disponieren kann. (Diese Auslegung unterscheidet sich von den Marxschen Begriffen der "disposable time" bzw. der "disponible time", die in der Regel als Synonyme für Freizeit bzw. Mehrarbeitszeit angewendet werden!)

Die Gewinnung von disponibler Zeit zur Befriedigung neuer Bedürfnisse - und zwar sowohl von Arbeitszeit als auch von Freizeit - ist deshalb ein erstrangiges ökonomisches Erfordernis der Intensivierung des volkswirtschaftlichen Reproduktionsprozesses. Sie bildet eine notwendige Voraussetzung für die Durchführung von Strukturveränderungen ebenso wie für die dazu erforderliche Erhöhung der volkswirtschaftlichen Akkumulationskraft, durch die neu auftretende und sich erweiternde Bedürfnisse überhaupt erst zu befriedigen sind.

Den entscheidenden Faktor für die Gewinnung disponibler Zeit bildet natürlich die Steigerung der Produktivität der gesellschaftlichen Arbeit im weitesten Sinne des Wortes, d.h. in allen Sphären, Bereichen und Phasen des volkswirtschaftlichen Reproduktionsprozesses. Dadurch werden die Neu- und Umverteilungen der gesellschaftlichen Arbeitszeit und die damit verbundenen materiell-technischen Umgestaltungen, die durch die gewachsenen und veränderten Bedürfnisse diktiert sind, überhaupt erst ermöglicht. Diese Umverteilungsprozesse haben beim derzeitigen Entwicklungsstand der Produktivkräfte und der gesellschaftlichen Arbeitsteilung, insbesondere aber unter den gegenwärtigen Bedingungen der Intensivierung, selbst wieder einen maßgebenden Einfluß auf die weitere Produktivitäts- und Effektivitätssteigerung der gesellschaftlichen Arbeit.

Wenn hier von Gewinnung disponibler Zeit als einem Erfordernis der Intensivierung die Rede ist, steht dabei nicht in erster Linie die Vergrößerung der Freizeit zu Lasten der Arbeitszeit im Vordergrund. Ebensowenig geht es primär um die Verringerung der Zeit für die notwendige Arbeit zugunsten der Mehrarbeitszeit, deren Verhältnis auf anderen Bestimmungsgründen beruht. Es handelt sich vielmehr darum, daß beim heutigen Entwicklungsstand der Produktion (vor allem infolge der vollen Ausschöpfung des gesellschaftlichen Arbeitsvermögens und der höheren Anforderungen an die Reproduktion des Menschen, der Natur sowie des bereits geschaffenen materiellen Reichtums) der gesamte Zeitfonds der Bevölkerung, der sich aus der Summe der Arbeits- und Freizeit der einzelnen Gesellschaftsmitglieder zusammensetzt, schon durch das gegebene Niveau der notwendigen Reproduktion und Bedürfnisbefriedigung außerordentlich stark beansprucht wird.

Die Erfahrung zeigt, daß die Bindung der Zeit auf Grund der verschiedensten Reproduktionserfordernisse und ihrer Verflechtungen, auf Grund der in Angriff genommenen langfristigen Vorhaben und anderer Faktoren zunimmt und auf diese Weise die Zeit immer weniger disponibel wird.

Obwohl die Arbeitsproduktivität ständig steigt, die Mehrarbeitszeit sich anteilig vergrößert und auch die Freizeit zunimmt, wird die tatsächlich für neue Bedürfnisse zur Verfügung stehende Zeit immer knapper und kostbarer.

Daraus ergibt sich notwendigerweise, daß die sozialistische Gesellschaft ständig bestrebt sein muß, Teile ihres zur Verfügung stehenden Gesamtfonds an Arbeits- und Freizeit tatsächlich so disponibel zu gestalten, daß dadurch die mit dem gesellschaftlichen und wissenschaftlich-technischen Fortschritt über das gegebene Niveau hinaus wachsenden bzw. neu entstehenden Bedürfnisse ebenso wie die bereits vorhandenen ausreichend befriedigt werden können.

Die Gewinnung disponibler Zeit erstreckt sich demnach sowohl auf disponible Zeit, die zur Produktion neuer, zusätzlicher Mittel für die Bedürfnisbefriedigung vorhanden sein muß und die vor allem durch die Steigerung der Arbeitsproduktivität gewonnen wird, als auch auf disponible Zeit, die unmittelbar zur Befriedigung der neuen, zusätzlichen Bedürfnisse in der Konsumtion selbst erforderlich ist und die hauptsächlich durch Entlastung der Freizeit von notwendigen Reproduktionserfordernissen, insbesondere durch Verringerung der Hausarbeit zu gewinnen ist.

Eine grundlegende Beziehung der materiell-technischen Basis ist hierfür ebenso wie für alle anderen Probleme der Zeitökonomie besonders wichtig: Die Effektivität der Zeitnutzung für die Bedürfnisbefriedigung ist entscheidend von der vorhandenen technischen Ausstattung abhängig. Das betrifft sowohl die Ausstattung der Arbeitszeit mit bestimmten Produktionsmitteln als auch die Ausstattung der Freizeit mit bestimmten Konsumtionsmitteln. Ob beispielsweise auf modernen Drehautomaten oder einfachen Drehbänken Bauelemente gefertigt, ob mit Kraftfahrzeugen oder Fahrrädern Ortsveränderungen vorgenommen, ob mit Taschencomputern oder Logarithmentafeln bestimmte Berechnungen durchgeführt werden, spielt für die effektive Nutzung der Zeit zur Bedürfnisbefriedigung doch eine sehr unterschiedliche Rolle. Hier zeigt sich der enge untrennbare Zusammenhang der Zeitnutzung bzw. Zeitgewinnung mit den materiell-technischen Bedingungen, und es läßt sich die große Bedeutung dieser Beziehungen für die zusammenfassende ökonomische Analyse von Problemen der materiell-technischen Basis ermessen.

Zur weiteren Gestaltung der materiell-technischen Basis sind deshalb auch umfassende Untersuchungen aller wesentlichen Zeitaspekte und -faktoren des volkswirtschaftlichen Reproduktionsprozesses, soweit sie eine Beziehung zu den materiell-technischen Bedingungen haben, erforderlich. Das betrifft neben der Zeitverwendung für Produktion und Konsumtion und dem Verhältnis von Arbeitszeit und Freizeit auch die Beziehung von notwendiger Arbeitszeit und Mehrarbeitszeit, die Zusammenhänge von Produktions- und Zirkulationszeit, von Umschlags- und Umlaufzeit, von Investitionszeit und Rückflußdauer der Investitionen, von Forschungs- und Entwicklungs- sowie Überleitungszeit und nicht zuletzt auch die im Abschnitt 3.4. erwähnten zeitlichen Auslastungen der Produktions- und anderen Grundfonds. Sämtliche Zeitaspekte und -faktoren müssen in ihren wechselseitigen Verbindungen und Abhängigkeiten analysiert werden. Sie stehen schließlich alle auch in bestimmten Beziehungen zum Wachstumstempo des volkswirtschaftlichen Reproduktionsprozesses sowie den Proportionen und Effektivitätsrelationen, die dieses Wachstumstempo zur Bedingung und Folge hat. Im Zusammenhang damit werden auch die volkswirtschaftlichen Größen der disponiblen Zeit und die sie speziell bedingenden materiell-technischen Faktoren noch näher zu bestimmen sein. Die disponible Zeit bringt unter diesen Gesichtspunkten zum Ausdruck, welcher Anteil des Zeitfonds der Bevölkerung, worin auch der Zeitfonds der gesellschaftlichen Gesamtarbeit eingeschlossen ist, für die erforderlichen Strukturveränderungen bei der weiteren Gestaltung der materiell-technischen Basis tatsächlich verfügbar ist und wie dieser selbst materiell-technisch untermauert sein muß. Aus solchen bekannten ökonomischen Größen, wie dem Mehrprodukt oder dem Akkumulationsfonds, kann die Größe der disponiblen Zeit nicht abgeleitet werden, denn die Disponibilität des Mehrprodukts wie auch des Akkumulationsfonds ist durch die verschiedensten, mitunter sehr langfristigen Bindungen von Faktoren und Strukturen des Reproduktionsprozesses bereits mehr oder weniger stark eingeschränkt. Ähnliches trifft auch für die Freizeit zu, die, abgesehen von der Befriedigung physischer Bedürfnisse (wie Schlaf u.a.), ebenfalls zu einem bedeutenden Teil durch notwendige Tätigkeiten vor allem zur Reproduktion der Arbeitskraft und der gegebenen materiellen Lebensbedingungen gebunden und somit im eigentlichen Sinne nicht disponibel ist.

In der Perspektive treten jedoch noch viel weiterreichende ökonomische Probleme und Konsequenzen, die mit dem Zeitaspekt verbunden sind, in den Vordergrund. Sie betreffen vor allem die Überlegungen zur Ökonomie der Zeit, die Marx in Verbindung mit der weiteren Entwicklung der "großen Industrie" anstellte und die zusammengefaßt etwa die folgenden Gedankengänge umfassen:[97]

- In dem Maße, wie sich die "große Industrie" entwickelt, wird die Schöpfung von wirklichem Reichtum weniger abhängig von der Arbeitszeit als vielmehr von der Macht der Agentien, vom allgemeinen Stand der Wissenschaft und von den Fortschritten der Technologie, die während der Arbeitszeit genutzt werden und die selbst wieder in keinem Verhältnis zur unmittelbaren Arbeitszeit stehen.
- Der wirkliche Reichtum manifestiert sich somit in einem ungeheuren Mißverhältnis zwischen der angewendeten Arbeitszeit und ihrem Produkt.
- Der Arbeiter schiebt jetzt ganze Naturprozesse statt modifizierter Naturgegenstände (als Arbeitsmittel) zwischen sich und die unorganische Natur. Er tritt neben den Produktionsprozeß, statt sein Hauptagent zu sein.
- Sobald die Arbeit in unmittelbarer Form aufgehört hat, die große Quelle des Reichtums zu sein, muß auch die Arbeitszeit aufhören, das Maß des Reichtums (und der Tauschwert das Maß des Gebrauchswerts) zu sein. Es geht nicht mehr um das Reduzieren der notwendigen Arbeitszeit, um Surplus-Arbeit zu setzen, sondern um die Reduktion der notwendigen Arbeit der Gesellschaft überhaupt zu einem Minimum.

Diese Gedankengänge gipfeln in der Schlußfolgerung, daß - in einer Anlehnung an eine Formulierung von Adam Smith - Reichtum nicht das Kommando von Surplus-Arbeitszeit, sondern von "disposable time" ist, wie Marx die außerhalb der unmittelbaren Produktion gebrauchte Zeit nannte. "Denn der wirkliche Reichtum ist die entwickelte Produktivkraft aller Individuen. Es ist dann keineswegs mehr die Arbeitszeit, sondern die disposable time das Maß des Reichtums."[98]

Im Zusammenhang mit den weiteren Forschungsarbeiten zur Bestimmung der gesellschaftlichen Kriterien für die Gestaltung der materiell-technischen Basis muß man sich gründlicher mit diesen Gedankengängen auseinandersetzen. Die niedrigen Automatisierungsgrade der Arbeit in der Industrie der DDR, das damit noch wenig entwickelte Heraustreten des Menschen aus dem unmittelbaren Fertigungsprozeß sowie die zur Zeit noch hohe Beschäftigung der Industriearbeiter mit primitiv einfachen manuellen Arbeiten sind keine Argumente dagegen.

Der Blick ist vielmehr auf die in der DDR bereits vorhandenen Großkraftwerke, hochmechanisierten und teilautomatisierten Braunkohlentagebaue, auf die modernen Großbetriebe der Grundchemie und andere moderne Produktionsstätten zu lenken, wo heute schon tatsächlich der Arbeiter ganze Naturprozesse und die Macht der Agentien für sich nutzt, wo tatsächlich schon das erzeugte Produkt im ungeheuren Mißverhältnis zur angewendeten Arbeitszeit steht und auch der Mensch schon weitgehend aus dem eigentlichen Fertigungsprozeß herausgetreten ist, selbst wenn er darin noch bestimmte Teilfunktionen ausübt.

Danach sind die genannten Marxschen Gedankengänge eigentlich heute schon aktuell geworden, und es ist geboten, die Forschungsarbeiten und wissenschaftlichen Diskussionen stärker auf diese Grundfragen zu richten. Die Erkenntnisfortschritte hierzu werden es auch ermöglichen, die weitreichenden ökonomischen Konsequenzen, die die weitere Gestaltung der materiell-technischen Basis in der entwickelten sozialistischen Gesellschaft mit sich bringt, besser zu erfassen, um sie planmäßig beherrschen zu können.

Anmerkungen

1 W.I. Lenin, Siebenter Parteitag der KPR(B), in: Werke, Bd. 27, Berlin 1960, S. 114.

2 Kommunističeskaja partija Sovetskogo Sojuza v rezoljucijach i rešenijach s'ezdov, Konferencij i plenumov ck. Izd. 7 - e. Čast 1, Moskva 1954, S. 687.

3 Vgl. IX. Parteitag der SED. Programm der Sozialistischen Einheitspartei Deutschlands, Berlin 1976, S. 11.

4 A.P. Butenko, Die entwickelte sozialistische Gesellschaft - Wesen und Probleme, in: Sowjetwissenschaft. Gesellschaftswissenschaftliche Beiträge, 10/1976, S. 1013.

5 Vgl. A. Anikin, Die Unfähigkeit des Kapitalismus zur Lösung der brennenden Probleme der Gegenwart, ebenda, 5/1976, S. 513.

6 IX. Parteitag der SED. Programm der Sozialistischen Einheitspartei Deutschlands, Berlin 1976, S. 9.

7 Ebenda, S. 28/29.

8 Bericht des Zentralkomitees der Sozialistischen Einheitspartei Deutschlands an den IX. Parteitag der SED, Berichterstatter: Erich Honecker, Berlin 1976, S. 49.

9 Vgl. IX. Parteitag der SED. Programm der Sozialistischen Einheitspartei Deutschlands, Berlin 1976, S. 22-26.

10 D.M. Gwischiani, Alternativen in Wissenschaft und Technik und die Rolle der Gesellschaftswissenschaften, in: Sowjetwissenschaft. Gesellschaftswissenschaftliche Beiträge, 12/1976, S. 1248.

11 W.I. Lenin, Die nächsten Aufgaben der Sowjetmacht, in: Werke, Bd. 27, Berlin 1960, S. 247.

12 Harry Nick, Materiell-technische Basis und gesellschaftlicher Fortschritt, in: Einheit, 8/1976, S. 871.

13 W. Tscherkowez, Probleme des entwickelten Sozialismus in der politischen Ökonomie, in: Sowjetwissenschaft. Gesellschaftswissenschaftliche Beiträge, 4/1974, S. 343; vgl. außerdem: A. Jeremin/L. Kasakewitsch, Ökonomische Probleme des entwickelten Sozialismus, ebenda, 2/1975,

S. 125-142; vgl. ferner: Autorenkollektiv, Die gegenwärtige wissenschaftlich-technische Revolution, Berlin 1972, S. 263.

14 Vgl. A. K. Pokrytan, Produktionsverhältnisse und ökonomische Gesetze des Sozialismus, Berlin 1973, S. 116/117.

15 Otto Reinhold, Gestaltung der entwickelten sozialistischen Gesellschaft im Lichte des Programmentwurfs, in: Einheit, 3/1976, S. 292.

16 Politische Ökonomie, Bd. 4: Gesamtredaktion G. A. Koslow, Berlin 1974, S. 200.

17 Vgl. Pugačev, Kriterien der Reife der materiell-technischen Basis des Sozialismus, in: Ėkonomičeskie nauki (Moskva), 4/1974, S. 22.

18 Vgl. S. Chejnman, O nekotorych problemach sozdanija materialno-techničekoj bazy kommunisma, in: Voprosy ėkonomiki (Moskva), 5/1974, S. 74.

19 Die Produktionsweise betrachtete Marx jedoch nicht nur, wie es heute üblich ist, als ein auf eine bestimmte Gesellschaftsformation bezogenes spezifisches Produktionssystem; er bezeichnete damit auch Produktionssysteme in ganz allgemeinem Sinn, die sich in der Art und Weise der Anwendung der Produktionsmittel, im Charakter der Arbeit, in der Arbeitsteilung usw. voneinander unterscheiden, wie beispielsweise die Manufaktur im Unterschied zur Maschinenproduktion.

20 Karl Marx, Das Kapital. Erster Band, in: Karl Marx/Friedrich Engels, Werke (im folgenden MEW), Bd. 23, Berlin 1962, S. 403.

21 Ebenda S. 198.

22 Ingomar Klein, Das gesellschaftliche Eigentum und der Charakter der Arbeit im Sozialismus, in: Wirtschaftswissenschaft, 10/1973, S. 1551.

23 Karl Marx, Grundrisse der Kritik der Politischen Ökonomie, Berlin 1953, S. 356.

24 Vgl. Statistisches Jahrbuch der DDR 1976, Berlin 1976, S. 177.

25 Vgl. ebenda, S. 41 und 44.

26 Karl Marx, Das Kapital. Erster Band, in: MEW, Bd. 23, Berlin 1962, S. 193.

27 Karl Marx, Grundrisse der Kritik der Politischen Ökonomie, Berlin 1953, S. 388.

28 Karl Marx, Das Kapital. Erster Band, in: MEW, Bd. 23, Berlin 1962, S. 192.

29 Friedrich Engels, Dialektik der Natur, in: MEW, Bd. 20, Berlin 1962, S. 444.

30 Ebenda, S. 450.

31 Karl Marx/Friedrich Engels, Die deutsche Ideologie, in: MEW, Bd. 3, Berlin 1958, S. 32.

32 Vgl. ebenda, S. 32/33.

33 Friedrich Engels, Herrn Eugen Dührings Umwälzung der Wissenschaft (Anti-Dühring), in: MEW, Bd. 20, Berlin 1962, S. 272 und 271.

34 Ebenda, S. 273/274.

35 Vgl. Karl Marx, Kritik des Gothaer Programms, in: MEW, Bd. 19, Berlin 1962, S. 20/21; W. I. Lenin, Staat und Revolution, in: Werke, Bd. 25, Berlin 1960, S. 478 ff.

36 I. Kapustin, Der ökonomische Aspekt der sozialistischen Lebensweise, in: Sowjetwissenschaft. Gesellschaftswissenschaftliche Beiträge, 12/1975, S. 1234.

37 Vgl. ebenda.

38 Vgl. Autorenkollektiv, Die wachsende Rolle der Arbeiterklasse in den sozialistischen Ländern, Berlin 1974, S. 151/152.

39 Vgl. Statistisches Jahrbuch der DDR 1975, Berlin 1975, S. 129, und ebenda 1968, S. 195.

40 Friedrich Engels, Herrn Eugen Dührings Umwälzung der Wissenschaft (Anti-Dühring), in: MEW, Bd. 20, Berlin 1962, S. 272.

41 Karl Marx, Das Kapital. Erster Band, in: MEW, Bd. 23, Berlin 1962, S. 394.

42 Ebenda, S. 445.

43 Ebenda.

44 Ebenda, S. 441.

45 Ebenda, S. 442.

46 Ebenda, S. 194/195.

47 Karl Marx, Brief an Engels vom 28. Januar 1863, in: MEW, Bd. 30, Berlin 1964, S. 321.

48 "Die technischen Verhältnisse sind dagegen untrennbar mit den Produktivkräften verbunden, sie bilden das notwendige Element der in Aktion befindlichen Produktivkräfte und gehören nicht zum Gegenstand der politischen Ökonomie." (Lehrbuch Politische Ökonomie. Vorsozialistische Produktionsweisen, Berlin 1972, S. 35.)

49 Friedrich Engels, Brief an W. Borgius vom 25. Januar 1894, in: MEW, Bd. 39, Berlin 1968, S. 205.

50 Karl Marx, Brief an Pawel Wassiljewitsch Annenkow vom 28. Dezember 1846, in: MEW, Bd. 27, Berlin 1963, S. 455/456.

51 Bei der Untersuchung der Maschinerie und großen Industrie im "Kapital" hat Marx die charakteristischen Merkmale der Arbeit in der maschinellen Produktion dargelegt:
- Arbeitsfunktionen und "Virtuosität" des Arbeiters sind auf Maschinen übergegangen.
- Die Leistungsfähigkeit des Werkzeugs ist von den persönlichen Schranken der menschlichen Arbeitskraft emanzipiert.
- Die Gesamtbewegung geht nicht mehr vom Arbeiter, sondern von der Maschine aus; es kann fortwährender Personenwechsel stattfinden ohne Unterbrechung des Arbeitsprozesses.
- Die Teilung der Arbeit ist zu einer rein technisch bedingten Verteilung der Arbeiter unter spezialisierte Maschinen geworden; ebenso beruht die Kooperation auf einem mannigfachen System gleichzeitig wirkender und kombinierter Maschinen.
- Die Arbeiter gruppieren sich jetzt nach den Maschinenarbeitern und ihren Hilfskräften; hinzu tritt die "höhere teils wissenschaftlich gebildete, teils handwerksmäßige Arbeiterklasse, die mit der Kontrolle und Reparatur der gesamten Maschinerie beschäftigt ist" (Marx betrachtete diese damals jedoch noch als ein "numerisch unbedeutendes Personal"). (Vgl. Karl Marx, Das Kapital. Erster Band, in: MEW, Bd. 23, Berlin 1962, S. 442/443.)

52 Ökonomisches Lexikon L - Z, Berlin 1967, S. 152/153. In der Auflage von 1970, Band A - K, S. 263, wurde die Definition wie folgt verändert: "Gesamtheit der materiellen Elemente der Produktivkräfte, die die Existenz- und Entwicklungsgrundlage einer Gesellschaftsformation bilden..."

53 A.I. Notkin, Material'no-proizvodstvennaja baza socializma, Moskva 1954, S. 4.

54 "Ganzheit - Eigenschaft von Dingen (Systemen), die ein dem Verhalten ihrer Teile gegenüber qualitativ unterschiedenes eigenständiges Verhalten aufweisen... Im Gegensatz zum Begriff 'Ganzheit', der eine qualitative Bestimmung ist, ist Gesamtheit eine rein quantitative Bestimmung." (Philosophisches Wörterbuch, hrsg. von Georg Klaus/Manfred Buhr, 10. neub. u. erw. Aufl., Bd. 1, Leipzig 1974, S. 443.)

55 Karl Marx, Grundrisse der Kritik der Politischen Ökonomie, Berlin 1953, S. 593.

56 Ebenda, S. 387.

57 Aus dem Bericht des Politbüros an die 5. Tagung der SED, Berichterstatter: Erich Honecker, Berlin 1977, S. 19.

58 Vgl. Autorenkollektiv, Die gegenwärtige wissenschaftlich-technische Revolution, Berlin 1972, S. 151.

59 Karl Marx, Grundrisse der Kritik der Politischen Ökonomie, Berlin 1953, S. 593.

60 Vgl. ebenda.

61 Vgl. ebenda, S. 594.

62 Autorenkollektiv, Wissenschaft und Produktion im Sozialismus, Berlin 1976, S. 75.

63 Vgl. Karl Marx, Grundrisse der Kritik der Politischen Ökonomie, Berlin 1953, S. 592-594.

64 Karl Marx, Brief an Ludwig Kugelmann vom 11. Juli 1868, in: MEW, Bd. 32, Berlin 1965, S. 552.

65 Karl Marx, Das Kapital. Dritter Band, in: MEW, Bd. 25, Berlin 1964, S. 828.

66 W.I. Lenin, Die große Initiative, in: Werke, Bd. 29, Berlin 1961, S. 416.

67 Nach Angaben von Kuczynski erreichte die deutsche Industrieproduktion im vorigen Jahrhundert zwischen den Zyklen von 1860/66 und 1867/75 sowie von 1887/93 und 1893/1902 die höchste Arbeitsproduktivitätssteigerung. Der Index der Produktion je Arbeiter (1900 = 100) stieg in diesen beiden Zeiträumen von 52 auf 65 bzw. von 79 auf 96 Punkte; das ist eine Steigerung auf 125 bzw. 122 % oder ein Zuwachs von jeweils 2,7 % im Jahresdurchschnitt. (Vgl. Jürgen Kuczynski, Die Geschichte der Lage der Arbeiter unter dem Kapitalismus, Bd. 3: Darstellung der Lage der Arbeiter in Deutschland von 1871 bis 1900, Berlin 1962, S. 363.)
Nach ebenfalls von Kuczynski stammenden Angaben hatte in diesem Jahrhundert vor dem zweiten Weltkrieg die Industrie der USA im Zyklus von 1922 bis 1933 die höchste Arbeitsproduktivitätssteigerung aufzuweisen; das sind mit 47 % im Zeitraum jahresdurchschnittlich 3,6 %. (Vgl. Jürgen Kuczynski, Die Geschichte der Lage der Arbeiter unter dem Kapitalismus, Bd. 36: Die Theorie der Lage der Arbeiter, Berlin 1968, S. 123.)

68 Nach dem Statistischen Jahrbuch der DDR 1976, Berlin 1976, S. 44 und 126 (die Wasserwirtschaft wurde aus den Gesamtzahlen der Grundmittelausstattung der Industrie ausgegliedert). Der Unterschied in den Indexzahlen der Arbeitsproduktivität zur Tabelle 1 beruht darauf, daß dort die Produktivität des "Industrie-Produktionspersonals" der staatlichen und genossenschaftlichen Industrie ausgewiesen wurde, während hier zum Vergleich mit der Grundmittel-Ausstattung der Produktivitätsindex "je Arbeiter und Angestellter des Wirtschaftsbereiches Industrie" angegeben ist.

69 Vgl. Statistisches Jahrbuch der DDR 1976, Berlin 1976, S. 44.

70 Ebenda, S. 187.

71 Berechnet nach Angaben von ebenda, S. 16, 81, 93, 99.

72 Vgl. ebenda, S. 15.

73 Vgl. Autorenkollektiv, Die wachsende Rolle der Arbeiterklasse in den sozialistischen Ländern, Berlin 1974, S. 151/152.

74 Berechnet nach: Statistisches Jahrbuch der DDR 1976, Berlin 1976, S. 225 und 228 sowie S. 15.

75 Vgl. ebenda, S. 312.

76 Zur Methodik der Berechnungen und zu den Ergebnissen 1968, vgl. Gerd Knobloch, Bedürfnisbefriedigung - Produktionsstruktur - Grundproportionen, Berlin 1974, S. 21 ff. (Forschungsberichte des Zentralinstituts für Wirtschaftswissenschaften der Akademie der Wissenschaften der DDR, Nr. 10). Infolge Veränderungen in der Abgrenzung der Bedürfniskomplexe sowie in der Zurechnung des Endprodukts zu den Bedürfniskomplexen einerseits und Veränderungen des Inhalts der Verflechtungsbilanz andererseits (Gesamterzeugung einschließlich Eigenverbrauch statt Bruttoproduktion, Einbeziehung des Anlagenbaus als zusätzliche Produktionsstufe u.a.m.) ist allerdings ein unmittelbarer Vergleich der Ergebnisse von 1972 und 1968 im einzelnen nur bedingt, teilweise überhaupt nicht möglich.

77 In den Berechnungen 1972 wurde die Erhöhung der Umlaufmittelbestände zu den Investitionen gerechnet; 1968 war das nicht der Fall.

78 Berechnet nach: Statistisches Jahrbuch der DDR 1976, Berlin 1976, S. 15.

79 L. Voronina, Ličnyj faktor socialističeskogo proizvodstva. Obzor statej, in: Ėkonomičeskie nauki (Moskva), 9/1974, S. 57-63.

80 Karl Marx, Das Kapital. Zweiter Band, in: MEW, Bd. 24, Berlin 1963, S. 355, 356.

81 Karl Marx, Das Kapital. Erster Band, in: MEW, Bd. 23, Berlin 1962, S. 537.

82 Berechnet nach: Statistisches Jahrbuch der DDR 1976, Berlin 1976, S. 37, 41-45 und 107.

83 Vgl. ebenda, S. 134.

84 Vgl. ebenda, S. 226 und 236.

85 Horst Wambutt, Planmäßige Entwicklung der Energiewirtschaft der DDR, in: Einheit, 6/1974, S. 710.

86 Vgl. IX. Parteitag der SED. Programm der Sozialistischen Einheitspartei Deutschlands, Berlin 1976, S. 28.

87 Vgl. Statistisches Jahrbuch der DDR 1975, Berlin 1975, S. 129.

88 Marx wies bei seiner Analyse der Maschinenarbeit im Kapitalismus nach, daß die Maschinerie durch ihre technische Leistungsfähigkeit an sich die Produktivkraft ungeheuer vermehrt und dementsprechend lebendige Arbeit erspart. Aber es ergibt sich auch, daß die Maschine um so produktiver wird, je länger sie täglich funktionieren und je schneller sie dadurch ihren Wert reproduzieren kann. Deswegen tendierte das Kapital zu einer maßlosen Verlängerung des Arbeitstages, die auf die physischen Schranken der Belastbarkeit des Arbeiters stieß. Es zeigte

sich "das merkwürdige Phänomen in der Geschichte der modernen Industrie, daß die Maschine alle sittlichen und natürlichen Schranken des Arbeitstags über den Haufen wirft", und es entstand "das ökonomische Paradoxon, daß das gewaltigste Mittel zur Verkürzung der Arbeitszeit in das unfehlbarste Mittel umschlägt, alle Lebenszeit des Arbeiters und seiner Familie in disponible Arbeitszeit für die Verwertung des Kapitals zu verwandeln".
Das führte, wie Marx weiter bemerkte, "später eine Reaktion der in ihrer Lebenswurzel bedrohten Gesellschaft herbei und damit einen gesetzlichen Normalarbeitstag". (Vgl. Karl Marx, Das Kapital. Erster Band, in: MEW, Bd. 23, Berlin 1962, S. 425/426, 430/431.)

89 S. Smirnow, Die wissenschaftlich-technische Revolution und die materielle Produktion, in: Sowjetwissenschaft. Gesellschaftswissenschaftliche Beiträge, 5/1975, S. 525.

90 Vgl. Lehrbuch Politische Ökonomie. Vorsozialistische Produktionsweisen, Berlin 1972, S. 495/496.

91 Ebenda, S. 496.

92 A. K. Pokrytan, Produktionsverhältnisse und ökonomische Gesetze des Sozialismus, Berlin 1973, S. 70.

93 Ebenda, S. 73.

94 Vgl. Karl Marx, Grundrisse der Kritik der Politischen Ökonomie, Berlin 1953, S. 89.

95 Vgl. Karl Marx, Das Kapital. Erster Band, in: MEW, Bd. 23, Berlin 1962, S. 89.

96 Jindřich Filipec/Bernd P. Löwe/Kadovan Richta, Sozialismus - Imperialismus - wissenschaftlich-technische Revolution, Berlin 1974, S. 87.

97 Vgl. Karl Marx, Grundrisse der Kritik der Politischen Ökonomie, Berlin 1953, S. 592-595.

98 Ebenda, S. 596.

FSC
www.fsc.org
MIX
Papier | Fördert
gute Waldnutzung
FSC® C083411

Kolibri 360 GmbH
Ferdinand-Jühlke-Straße 7
99095 Erfurt, Deutschland
produktsicherheit@kolibri360.de